JN074649

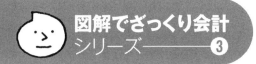

図解でざっくり会計
シリーズ────③

EY
Building a better
working world

EY新日本有限責任監査法人［編］

金融商品会計
のしくみ 第**2**版

中央経済社

改訂にあたって

　今日，金融市場の発展と金融商品の開発はより進行しており，一般企業にとっても金融商品会計の重要性はますます高くなっています。

　私どもEY新日本有限責任監査法人は，複雑になった会計基準や会計処理について，基準の文言のみにとらわれることのない平易な表現やイメージ図を用いながら分かりやすく解説する書籍として図解でざっくり会計シリーズを刊行しており，実務家の皆様に広くご好評をいただいております。この「金融商品会計」においても，ますます複雑になり，ルールも頻繁に見直される金融商品会計について，専門用語を使いすぎることなく日常の言葉を用いることにより，実務家の皆様によりよく理解していただくことを目指して執筆いたしました。第2版では，時価算定基準や，これに伴う金融商品会計基準の改正を反映すると共に図表等をより分かりやすくしています。

　実務家の皆様の金融商品のより深い理解に資することができましたら，執筆者としてこれ以上の喜びはありません。

2023年7月　　　　　　　　　　　EY新日本有限責任監査法人

　　　　　　　　　　　　　　　　　　　執筆者一同

発刊にあたって

　わが国の企業会計は，2010年3月期より国際会計基準の任意適用が始まるなど，グローバル化が避けがたいものとなっています。その中で，国際会計基準とのコンバージェンスに向けて，「固定資産の減損に係る会計基準」，「企業結合に関する会計基準」，「連結財務諸表に関する会計基準」，「退職給付に係る会計基準」など，多くの会計基準の制定および改正が行われてきているところです。このような多くの会計基準の適用は，最終表現である財務諸表を読み解くことを難しくしています。

　一方，企業経営を行っていくうえで，財務諸表を理解する能力は必須です。企業を安定化させ，さらには持続的に成長させていくためにも，経営のための会計・経理は，重要な役割を担っています。また，経営者や経理部門に携わる方だけではなく，財務部門および営業部門等の社員の方々にとっても，業務を行っていくうえで，財務諸表等を理解し，利用していくことは必要といえます。

　このような背景を踏まえ，新日本有限責任監査法人では，経理部門等で経理業務を実践している方のみではなく，これから会計・経理を学ぼうとされている方，会計基準等をイチから勉強しようと考えている方など会計入門者の方を中心に，会計を基礎から理解していただくため，わかりづらいと言われている会計論点を「図解でざっくり会計シリーズ」として全7巻刊行することといたしました。

　本シリーズは，図，表，絵，仕訳例等をふんだんに使用して，基本的な内容をわかりやすく説明することをコンセプトに作成しています。そのため，各会計基準等の特徴的な論点を中心とした解説とし，基準等の定義・専門用語等も可能な限り平素な説明としています。原則として見

開き2ページの形式として，左ページに図表，右ページに文章による解説で理解を深める構成としています。

　経理業務に係わりのある方のみではなく，会計を理解したいというさまざまな方に本シリーズを手に取っていただき，会計を身近に感じて，まず「ざっくり」と会計をご理解いただけましたら幸甚です。

　平成25年2月

新日本有限責任監査法人

理事長　加　藤　義　孝

Contents

第 1 章 金融商品会計とは

金融商品というとどのようなものを想像しますか？

利息や配当が得られる有価証券は一般的ですね。会計上でいう金融商品は，この他にもさまざまな種類があります。

まず，この章では，金融商品とはどのようなものがあるかを見ていきましょう！

14

1−1 金融商品の会計
金融商品の会計処理を定めた金融商品会計基準

 この本で扱う金融商品とは，金融商品会計基準に定められた金融商品で，大きく金融資産，金融負債，デリバティブ取引に分けられます。

金融商品に関する会計基準

会計上の金融商品の定義や会計処理が定められている

金融商品

| 金融資産 | 金融負債 |

デリバティブ取引

会計処理の具体的な指針として，「金融商品に関する実務指針」「金融商品会計に関するQ&A」などがあるよ！

■はじめに■

　この本では，「金融商品」の会計処理をわかりやすく説明します。

　「金融商品」の会計処理は，「金融商品に関する会計基準（金融商品会計基準）」（企業会計基準第10号）に定められています。ここでは「金融商品」は大きく分けて「金融資産」「金融負債」「デリバティブ取引」の3つのものとして定義されています。それぞれの具体的な内容や会計処理については「金融資産」は3－1から4－21まで，「金融負債」については5－1，5－2で，「デリバティブ取引」については6－1から7－4で説明します。

■金融商品に関連するその他のおもな基準■

　「金融商品」についての会計上の取扱いを定める基準は，この他にも以下のようなものがあります。

- 「金融商品会計に関する実務指針」（会計制度委員会報告第14号）
- 「金融商品会計に関するQ&A」（会計制度委員会）
- 「その他の複合金融商品（払込資本を増加させる可能性のある部分を含まない複合金融商品）に関する会計処理」（企業会計基準適用指針第12号）
- 「時価の算定に関する会計基準」（企業会計基準第30号）
- 「時価の算定に関する会計基準の適用指針」（企業会計基準適用指針第31号）
- 「金融商品の時価等の開示に関する適用指針」（企業会計基準適用指針第19号）など

1-2 金融商品とは
金融資産，金融負債，デリバティブ取引

 金融商品会計上，金融商品とは，金融資産，金融負債，デリバティブ取引の大きく3つに分かれます。

金融資産
現金預金－第1章コラム
金銭債権－第3章
・受取手形
・売掛金
・貸付金など
有価証券－第4章
・株式
・公社債など
ゴルフ会員権－第8章

金融負債
金銭債務－第5章
・支払手形
・買掛金
・借入金
・社債など

デリバティブ取引
先物取引，オプション取引，スワップ取引－第6章
ヘッジ会計－第7章
複合金融商品－第8章

時価の算定－第2章

■ One more

会計基準の定義

　金融商品会計基準では，金融資産，金融負債についてより抽象的な定義を定めています。これは今後新しい金融商品が出てきた場合にもあてはまるような定義にする必要があるためです。

■金融商品とは■

　金融商品会計基準の中では,「金融資産」,「金融負債」,「デリバティブ取引に係る契約」の大きく3つを「金融商品」と定めています。これらの3つの中身は以下のようなものですが,具体的な内容や会計処理についてはそれぞれの項目で説明します。

■金融資産とは■

　金融資産とは,現金預金,受取手形・売掛金・貸付金などの金銭債権,株式その他の出資証券,公社債などの有価証券,デリバティブ取引（先渡取引・オプション取引・スワップ取引やこれらに類似する取引）により生じる正味の債権などをいいます。

■金融負債とは■

　金融負債とは,支払手形・買掛金・借入金・社債などの金銭債務とデリバティブ取引により生じる正味の債務などをいいます。

■デリバティブ取引とは■

　デリバティブ取引とは次の3つの特徴をもつ金融商品です。

① 何らかの基礎数値によって価値が変動し,想定元本が決まっている。

② 契約当初の投資額が不要またはほとんどない。

③ 純額（差額）決済が可能。

1-3 金融資産・負債の発生と消滅
帳簿への計上と帳簿からの消去の時期

会計上，金融資産，金融負債として扱うことが決まると，次にいつ帳簿に計上するか（発生の認識），いくらで計上するか（金額の測定），いつ帳簿から消去するか（消滅の認識）を考えます。

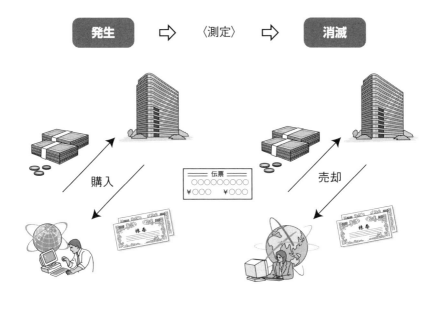

いつ帳簿に計上するのか	いくらで帳簿に計上するのか	いつ帳簿から消去するのか
⇩	⇩	⇩
契約の締結時に計上する	基本的には時価で計上する	消滅の定義を満たしたときに消去する

■金融資産・負債の発生■

　金融商品会計基準の金融資産，金融負債の定義にあてはまり，金融資産・負債として会計処理することが決まると，次にいつそれを帳簿に計上するかを考えます。これを金融資産・負債の発生を認識するといいます。金融資産・負債の発生の認識は原則として契約の締結時になるとされています。

■金融資産・負債の測定■

　次に帳簿にいくらで計上するかを考えます。これを金額の測定といいます。金融資産・負債ともに発生時には原則は時価により測定します。ただし，金融負債のうち買掛金，借入金，社債のような金銭債務と呼ばれるものについては債務額により帳簿に計上します。これはこれらが一般的には市場がなかったり，あってもそこで自由に債務を精算することが事実上難しいなどの理由によるものです。

■金融資産・負債の消滅■

　最後に取引が終了して帳簿から消去するタイミングについて考えます。帳簿から消去することを，消滅を認識するといいます。

　金融資産について，消滅のタイミングの基本は，①契約上の権利を行使した時，②権利を喪失した時，一方，金融負債については，①債務者が契約上の義務を履行した時，②契約上の義務が消滅した時，となります。

▌One more ▸────────────────

消滅を認識するとは

　基準ではさらに，資産について権利に対する支配が他に移転した時，負債について債務者が法的な手続により，または債権者により，負債に係る第一次債務者の地位から法的に免除された時，消滅を認識するとしています。

預金は金融商品？　暗号資産は？

　普段個人として利用している預金は「普通預金」や「定期預金」がほとんどですが，企業では普通預金以外にも資金決済用の「当座預金」や配当金の支払用等の「別段預金」な  ども利用されています。実は，これらの預金も会計上では金融商品としてカテゴリーされています。

　預金は預金種別ごとに金利が異なったり預金の引出に一定の制限があったりします。たとえば，当座預金は金利がゼロですし，定期預金は満期までは引出制限があります。

　このように「預金」というのは，金融機関が用意した「金融商品」と考えることができます。銀行などの金融機関は顧客である個人や企業に魅力のある商品を提供し，個人や企業は金利や条件などを比較して，より魅力のある預金を選択しています。つまり，預金するということは，預金という金融商品を買っているということと考えることもできるわけです。このため，会計上預金も金融商品として捉え，金融商品会計基準が適用されることになります。

　一方，暗号資産は金融商品（金融資産）に該当しません。日本の会計基準は金融資産について，「現金，他の企業から現金もしくはその他の金融資産もしくは金融負債を交換する契約上の権利，または他の企業の株式その他の出資証券である」と定めています。暗号資産はこの定義に当てはまらないため，金融資産として取り扱うことができないのです。

第 2 章　時価の算定

金融資産
現金預金－第1章コラム
金銭債権－第3章
・受取手形
・売掛金
・貸付金など
有価証券－第4章
・株式
・公社債など
ゴルフ会員権－第8章

金融負債
金銭債務－第5章
・支払手形
・買掛金
・借入金
・社債など

デリバティブ取引
先物取引, オプション取引, スワップ取引－第6章
ヘッジ会計－第7章
複合金融商品－第8章

時価の算定－第2章

この章では，金融商品の時価の
算定方法について説明するよ。

2−1 時価とは
市場で売却すれば受け取ることができる価格

 ここでは，時価の定義について説明します。

仮に売却しようとしたとき・・・

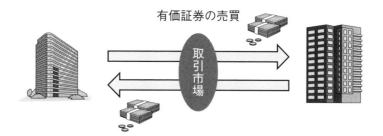

有価証券の売買

取引市場

市場で売却すれば受け取ることができる価格

＝

有価証券の時価

**有価証券を買った時の
価格ではないんだね**

時価は，

評価技法（算定の手法）

インプット（算定に用いる仮定）

を使って算定される！！

■時価とは■

　金融商品の時価評価はとても重要な作業です。会計基準上，時価とは，「算定日において市場参加者間で秩序ある取引が行われると想定した場合の，当該取引における資産の売却によって受け取る価格または負債の移転のために支払う価格」と定められています。ざっくり言うと，有価証券の時価は，「その有価証券を市場で売却すると受け取ることができる価格」ということになります。時価は，「評価技法」と「インプット」を用いて算定されます。

■市場参加者間での秩序ある取引■

　少し言い回しが難しいかもしれません。有価証券を取引する人たちは，売却によって得られる利益を最大にしたいと考えています。つまり，安く買って高く売る，という前提のもと，利益を最大にするという目的を達成するために必要な知識と能力を持ち合わせていると考えてください。

　また，秩序ある取引が行われる市場というのは，主要な市場（その取引が最も多く行われている市場）か，最も有利な市場（取引により得られる利益が最も大きい市場）のことをいいます。時価を算定する日より前の一定期間，その取引が継続して行われている市場である必要があり，投げ売りや強制された清算取引などは，秩序ある取引に該当しません。

■資産の売却によって受け取る価格■

　時価は，資産の売却によって受け取る価格（負債の場合は移転のために支払う価格）で，これを「出口価格」といいます。ちなみに，資産を取得するために支払った価格を「入口価格」といいますが，時価は「入口価格」ではなく，あくまで「出口価格」であることに留意が必要です。

2-2 評価技法とは
時価の算定の手法

 時価の算定の手法である評価技法には，たとえばマーケット・アプローチ，インカム・アプローチ，コスト・アプローチがあります。

マーケット・アプローチ
例：証券取引所に上場している株式

上場企業の株価は公表されているから，これを時価に使えるね！

インカム・アプローチ
例：私募債（限られた投資家しか買えない債券）

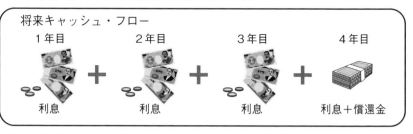

このようなインプットに基づいて時価を算定する！！

■評価技法とは■

　評価技法とは時価を算定するための手法で，たとえば以下のようなものがあります。時価を算定する際には，信頼性の高い評価技法を選択し，その評価技法を毎期継続して適用します。なお，単一の評価技法が適切となる場合もあれば，複数の評価技法が適切な場合もあります。

■マーケット・アプローチ■

　同一または類似の資産（負債）に関する市場取引による価格等のインプットを用いる評価技法です。

　たとえば，東京証券取引所に上場している会社の株式は，株価が公表されているので，その相場価格に基づいて時価（＝売却によって受け取る価格）を算定することができます。

■インカム・アプローチ■

　利益やキャッシュ・フロー等の将来の金額に関する現在の市場の期待を割引現在価値で示す評価技法です。

　市場で取引されていないような債券には，相場価格がありません。このような場合，たとえば将来得られるキャッシュ・フローと種々のリスク（不確実性）等に基づいて，時価を算定することになります。

■コスト・アプローチ■

　「資産の用役能力を再調達するために現在必要な金額」に基づいて時価を算定する評価技法で，企業価値の評価や不動産鑑定評価にも用いられる手法です。

2−3 インプットとは
時価の算定に用いる仮定

 時価の算定に用いる仮定であるインプットは，利用する優先順位に応じてレベル1からレベル3に分類されます。

観察可能	レベル1のインプット 例：上場株式の相場価格 	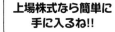上場株式なら簡単に手に入るね!!
	レベル2のインプット 例：流通量の少ない地方債や社債の相場価格 売掛金の債権額，貨幣の時間価値，信用リスク 観察可能な金利スワップ・レート 観察可能なインプットのうち，レベル1以外のインプットだね	
観察できない	レベル3のインプット 例：株式オプションのヒストリカル・ボラティリティ 住宅ローン担保証券の倒産確率や期限前返済率 観察できない金利スワップ・レート レベル1やレベル2のインプットが入手できない場合には，レベル3のインプットを使うよ	

優先順位 高

低

■インプットとは■

　時価を算定する際に用いる仮定を「インプット」といいます。インプットには，観察可能なインプットと観察できないインプットがあります。観察可能なインプットを最大限利用しなければならず，以下のような優先順位があります。

■レベル１のインプット■

　時価の算定日に，企業が入手できる活発な市場における同一の資産（負債）の相場価格で，調整されていないものをいいます。一般に公表されている，国債や上場株式の相場価格などが該当します。

　レベル１のインプットは，時価の根拠としては最適ですので，利用できる場合には，原則として調整せずに時価の算定に使用します。

■レベル２のインプット■

　観察可能なインプットのうち，レベル１以外のインプットをいいます。たとえば，以下のようなものがあります。

- 活発な市場における類似の資産（負債）の相場価格
- 活発でない市場における同一または類似の資産（負債）の相場価格
- 相場価格以外の観察可能なインプット
- 相場関係等に基づき観察可能な市場データから得られるまたは当該データに裏付けられるインプット

■レベル３のインプット■

　観察できないインプットのことをいい，合理的に入手できる情報に基づいて時価の算定に反映させます。

第3章 債権

金融資産	金融負債
現金預金－第1章コラム	金銭債務－第5章
金銭債権－第3章	・支払手形
・受取手形	・買掛金
・売掛金	・借入金
・貸付金など	・社債など
有価証券－第4章	
・株式	
・公社債など	
ゴルフ会員権－第8章	

デリバティブ取引

先物取引，オプション取引，スワップ取引－第6章
ヘッジ会計－第7章
複合金融商品－第8章

時価の算定－第2章

この章では，受取手形，売掛金などの債権の会計処理について見ていくよ。

3-1 債権の会計処理

受取手形, 売掛金, 貸付金など金銭債権の会計処理

 受取手形, 売掛金, 貸付金などの金銭債権については, 金融商品会計基準に従って, 決算日に貸倒引当金を見積もります。

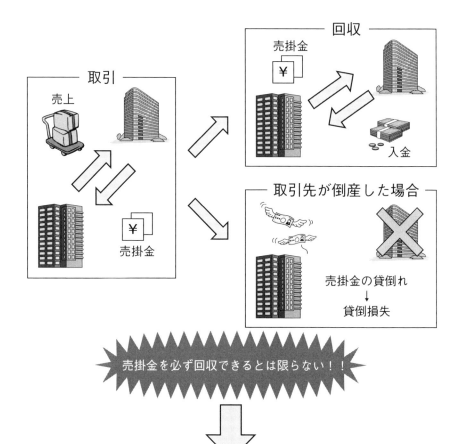

貸倒れのリスクを, 貸倒引当金として期末に見積計上する。

■債権の会計処理■

　債権とはある者が特定の相手に対して一定の行為をするよう要求する権利をいいますが，このうち金銭の支払を目的とする債権を金銭債権といい，受取手形，売掛金，貸付金などがあります。これらは金融商品会計基準上の金融商品にあてはまる金融資産であり，基準に従った会計処理を行います。

　金銭債権の会計処理のポイントは，決算日に貸倒引当金を計上をする点です。貸倒引当金とは，債権の相手先の信用の状況に応じて，将来の回復不能と見込まれる金額を見積もったものをいいます。もし企業が売掛金100を保有しており，決算日に回収不能と見込まれる部分が10あったとすると，貸倒引当金10を計上することにより，決算日の売掛金の評価額は90となります。

■貸倒引当金の見積もりの流れ■

　このように債権については決算日に貸倒引当金を見積もることが求められていますが，その流れについて３－２から３－７で説明します。見積もりのポイントは，①保有している債権について１件ごとに見積もるのではなく問題のある債権と問題のない債権に分けて見積もること，②問題のない債権については過去の実績をもとに見積もること，③問題のある債権については，問題の程度に応じて個別に見積もることです。

One more

総括引当法と個別引当法

　貸倒引当金の見積もりについて，個別の債権ごとに見積もる方法を個別引当法，一括で見積もる方法を総括引当法といいます。問題のない債権は総括引当法，問題のある債権は個別引当法を用いて見積もります。

3-2 債権の区分

回収可能性の度合いにより３つに区分する

債権について，決算日に貸倒引当金を見積もるため，保有している債権を回収可能性の問題の度合いに応じて，一般債権，貸倒懸念債権，破産更生債権等の３つに区分します。

【債権の３区分】

①一般債権

経営状態に重大な問題が生じていない債務者に対する債権

通常の状態であれば，全額に近い金額の回収が期待できます

②貸倒懸念債権

経営破綻の状態には至っていないが，債務の弁済に重大な問題が生じているか，生じる可能性の高い債務者に対する債権

相手先に何らかの問題が生じているため全額の回収は難しい状態です

③破産更生債権等

経営破綻または実質的に経営破綻に陥っている債務者に対する債権

②よりさらに深刻な状態にある相手先でかなりの部分が回収困難になると予想されます

■債権の区分の必要性■

　債権の期末の評価を行うために貸倒引当金を算定する際に，1件ごとの債権について貸倒れを見積もるのは煩雑でありその必要もないため，まず，個々の債権を回収可能性に関する問題の度合いに応じて以下のような3つに区分し，それぞれの区分に応じた貸倒引当金を算定することになります。

■債権の3区分■

①　一般債権

　経営状態に重要な問題が生じていない相手先に対する債権を一般債権として区分します。下記のような問題のある債権以外の正常な債権が一般債権になります。

②　貸倒懸念債権

　経営破綻の状態には至っていないが，債務の弁済に重要な問題が生じているか，生じる可能性の高い債務者に対する債権を貸倒懸念債権として区分します。

　具体的には，債務の弁済がおおむね1年以上延滞している場合や，弁済条件の大幅な緩和（弁済期間の延長，弁済の一時棚上げ，元利または利息の一部の免除など）を行っている場合のように，相手先の業務の状況や財務内容に問題があり，債務を条件通りに弁済できない可能性が高い状況にある債権を区分します。

③　破産更生債権等

　経営破綻または実質的に経営破綻に陥っている相手先に対する債権です。

　具体的には，相手先に法的・形式的な経営破綻の事実が発生している場合や，そこまでの状況ではないものの深刻な経営難の状態にある場合が該当します。

3-3 一般債権の貸倒引当金の算定①
貸倒実績率法の計算の流れ

> 債権を先の3つの区分に分けた後，それぞれの区分ごとに貸倒れを見積もります。一般債権については，「貸倒実績率法」により貸倒れを見積もります。

① 対象債権を必要に応じて区分する

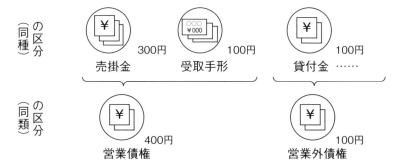

② 対象債権ごとの貸倒実績率の算定

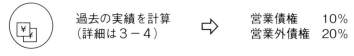

③ 貸倒見積高を算定 ①×②

■一般債権の貸倒引当金の算定■

　3つの区分のうち一般債権として問題のない債権と区分されたものについては，「貸倒実績率法」により貸倒れを見積もります。この方法は，過去の貸倒れの実績などから貸倒実績率を計算し，期末の債権の残高に求められた実績率を掛けて期末の貸倒引当金を計算する方法です。

　一般債権については現状では個々に貸倒れを見積もらなければならない状況にはないものの，貸倒れが発生する可能性はゼロではありません。このため，過去の実際の発生率を参考に将来の発生可能性を見積もり，期末の貸倒引当金を計算することによって，将来の貸倒れのリスクに備えるのです。

■「貸倒実績率法」による算定方法■

① 対象となる債権の区分

　貸倒引当金の対象となる債権を必要に応じて区分します。区分の方法としては，売掛金・受取手形・貸付金・未収金などの科目別に区分する方法（同種の区分），営業債権と営業外債権に区分する方法（同類の区分），短期と長期に区分する方法（同類の区分）があります。左の例では債権を営業債権と営業外債権とに区分しています。

② 貸倒実績率の算定

　上記①の区分ごとに過去の貸倒実績率を算定します。貸倒実績率の実際の算定方法は3－4で説明します。左の例では貸倒実績率を営業債権10％，営業外債権20％として，貸倒引当金を算定しています。

③ 貸倒見積高の算定

　それぞれの対象債権に貸倒実績率を乗じて貸倒見積高を算定します。左の例の貸倒見積高を計算すると，

　　営業債権　　　400円×10％＝40円

　　営業外債権　　100円×20％＝20円　となります。

３－４ 一般債権の貸倒引当金の算定②
貸倒実績率法における貸倒実績率の計算方法

 ３－３で説明した一般債権の貸倒れの見積もりに用いる「貸倒実績率」の算出の仕方を具体的に説明します。

【各年度の貸倒実績率を計算し平均する】

	X1年度	X2年度	X3年度	X4年度	
1期目	X1年度末債権残高 **100円**	（※）翌年度の貸倒れ **20**			1期目における債権残高の貸倒実績率 貸倒れ20円÷債権100円＝20%
2期目		X2年度末債権残高 **200円**	（※）翌年度の貸倒れ **60**		2期目における債権残高の貸倒実績率 貸倒れ60円÷債権200円＝30%
3期目			X3年度末債権残高 **100円**	（※）翌年度の貸倒れ **10**	3期目における債権残高の貸倒実績率 貸倒れ10円÷債権100円＝10%
当期				当期末債権残高 **200円**	貸倒実績率の過去3期平均 （20％＋30％＋10％）÷3年＝20%

当期末の債権残高が貸倒れとなる予想金額（貸倒引当金）
債権残高200円×貸倒実績率の過去3期平均20％＝貸倒引当金40円

（※）貸倒れの集計期間について，上の例では期末から1年の間に貸し倒れた金額を集計していますが，債権を回収するまでの期間が長期になる場合，その分貸倒れの集計期間を長くする必要があると考えられます。

■貸倒実績率の計算式■

「貸倒実績率法」は過去の貸倒れの実績から貸倒実績率を計算する方法ですが，ここでは貸倒実績率の具体的な計算方法について説明します。

■貸倒実績率の求め方■

① 各年度の貸倒実績率を計算する

まず，各年度の貸倒実績率を求めます。貸倒実績率は，債権残高とそれに対応する貸倒れの比率として計算します。左の例では，×4年度期首（×3年度末と同じ）の債権残高100円に対して，平均回収期間が1年であるので，当期中に発生した10円が対応する貸倒れとなります。したがって，×4年度の貸倒実績率は10÷100＝0.1＝10％となります。

同様にして，×3年度，×2年度の貸倒実績率を求めると，×3年度が30％，×2年度が20％となります。

② 上記で計算した各年度の貸倒実績率の平均値を計算する

当年度の貸倒引当金の計算に用いる貸倒実績率は，当期を含む2～3年度の貸倒実績率の平均となります。左の例では，×4年度（当期）の貸倒実績率10％，×3年度の貸倒実績率30％，×2年度の貸倒実績率20％を平均して計算した20％が，当期の貸倒引当金の計算に用いる貸倒実績率になります。

■貸倒引当金の計算■

このようにして当期に用いる貸倒実績率を算出し，3－3で説明した手順にしたがって当期の貸倒引当金を計算します。

左の例を用いると，当年度末の債権残高が200円であり，上記で計算した貸倒実績率が20％であるため，貸倒引当金は，200円×20％＝40円となります。

38

3-5 貸倒懸念債権の貸倒引当金の算定①
財務内容評価法

 貸倒懸念債権の貸倒見積方法の1つである財務内容評価法について説明します。

【貸倒懸念債権の貸倒見積方法】

① 財務内容評価法
② キャッシュ・フロー見積法（3-6参照）

【財務内容評価法による貸倒引当金の算定の流れ】

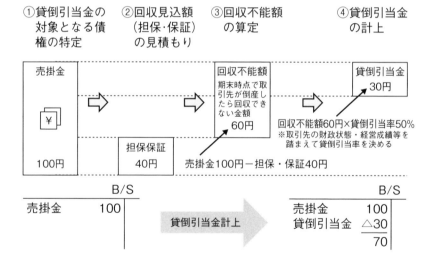

■貸倒懸念債権の貸倒見積方法■

　貸倒懸念債権の貸倒れの見積もりは，個別の債権ごとに行います。見積方法には，担保または保証が付されている債権について用いられる「財務内容評価法」と，元本の回収と利息の受取りに係るキャッシュ・フローを合理的に見積もることができる債権について用いられるキャッシュ・フロー見積法の２つがあります。

■財務内容評価法による貸倒引当金の算定の流れ■

① 　債権の金額が100円であるとします。

② 　担保の処分見込額および保証による回収見込額が，40円であったとします。

③ 　上記①の債権額100円から，上記②の担保の処分見込額および保証による回収見込額である40円を差し引き，担保や保証で回収できない部分（回収不能額）を算定します。左の例では，担保や保証で回収できない部分は100円－40円＝60円となります。

④ 　上記③について債務者の支払能力を考慮して貸倒見積高を算定し貸倒引当金に計上します。保全されない部分である60円のうち50％が貸倒れると見積もると，60円×50％＝30円となることから，30円を貸倒見積高である貸倒引当金として処理します。

（借方）貸倒引当金繰入	30	（貸方）貸 倒 引 当 金	30

　以上のように当初債権100円のうち30円が貸倒引当金として計上され，期末の債権評価額は70円となります。

▌One more

貸倒懸念債権の引当て

　一般事業会社では，債務者の支払能力を判断することが困難であることも考えられるため，上記④の引当率を簡便的に50％として貸倒引当金を算定することも認められています。

3-6 貸倒懸念債権の貸倒引当金の算定②
キャッシュ・フロー見積法

 貸倒懸念債権の貸倒見積方法のもう1つの方法である**キャッシュ・フ
ロー見積法**について説明します。

【キャッシュ・フロー見積法による貸倒引当金の算定】

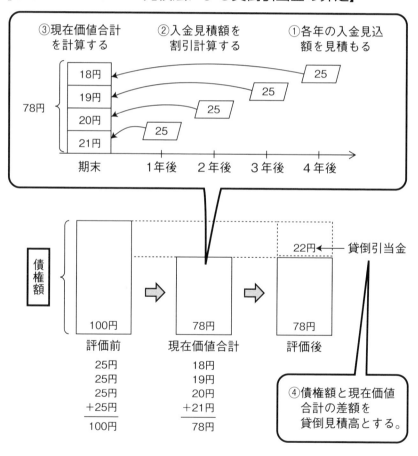

■キャッシュ・フロー見積法の対象となる債権■

　キャッシュ・フロー見積法の対象となる債権は，貸倒懸念債権のうち，債権の元本の回収，利息の受取りに係るキャッシュ・フローを合理的に見積もることができる債権です。

■キャッシュ・フロー見積法による貸倒見積高の算定方法■

①　対象となる債権について，利息の入金時期，入金金額を見積もります。左の例では，1年後から4年後まで各年25円ずつの入金が見込まれるとします。

②　入金に係るキャッシュ・フローを一定の割引率で割引計算します。左の例では，各年25円ずつの入金を割引計算して，それぞれの当期末時点での現在価値が18円，19円，20円，21円となったとします。

③　上記②で求められた入金金額の現在価値を合計します。左の例では，現在価値合計が78円となります。

④　債権の帳簿価額と上記③の現在価値合計との差額を，貸倒見積高として貸倒引当金に計上します。左の例では，債権の帳簿価額100円と現在価値合計78円との差額22円を貸倒見積高として，貸倒引当金に計上します。

（借方）貸倒引当金繰入	22	（貸方）貸 倒 引 当 金	22

　以上のように当初債権100円のうち，22円が貸倒引当金として計上され，期末の債権評価額は78円となります。

▌One more ▶

破産更生債権等の引当て

　破産更生債権等についての貸倒れの算定については，債権額から担保の処分見込額・保証による回収見込額を差し引いた残額が貸倒見積高となります。

42

3-7 貸倒引当金の会計処理
実際の貸倒れ発生時の処理

☞ 当期に実際に貸倒れが発生した場合には，貸倒引当金の金額と貸倒れの金額を比較して処理します。

〈ケース①〉 貸倒引当金＜貸倒額の場合

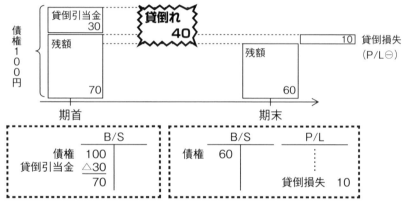

〈ケース②〉 貸倒引当金＞貸倒額の場合

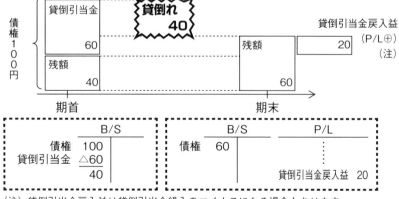

（注）貸倒引当金戻入益は貸倒引当金繰入のマイナスになる場合もあります。

■貸倒損失，貸倒引当金の戻入れの処理■

　前期末に貸倒れを見積もっていた債権が当期に実際に貸倒れた場合は，すでに計上している貸倒引当金の金額と実際の損失額を比較して処理します。また，実際に貸倒れは発生せず翌期末になった場合は，再度新しく貸倒引当金を見積もり，過大になった部分は戻入れの処理をします。これらの処理は，引当ての対象となった債権の区分ごとに行います。

　左のケース①は，前期に計上していた貸倒引当金が当期発生した貸倒額より小さい場合です。前期末に計上していた貸倒引当金の金額30円より当期発生した貸倒れの金額40円が大きいので，貸倒額40円のうち貸倒引当金30円を充当し取り崩します。そして足りない部分10円については貸倒損失10円を計上します。

| （借方）貸 倒 引 当 金 | 30 | （貸方）債 　 　 権 | 40 |
| 　　　　貸 倒 損 失 | 10 | | |

　このように，前期末に計上していた貸倒引当金を当期発生した貸倒額が超える部分についてP/Lに損失が計上されます。

　左のケース②は，前期に計上していた貸倒引当金が当期発生した貸倒額より大きい場合です。前期末に計上していた貸倒引当金の金額60円より当期発生した貸倒れの金額40円が小さいので，貸倒額40円に貸倒引当金40円を充当し取り崩します。この場合は足りない部分がないので貸倒損失は計上する必要はありません。

| （借方）貸 倒 引 当 金 | 40 | （貸方）債 　 　 権 | 40 |

　このように，前期末に計上していた貸倒引当金に対して当期発生した貸倒額が超過していないため貸倒引当金を取り崩すのみとなります。なお，期末に貸倒れを再度見積もり，仮に引当金の残高が過大となった場合は戻入れの処理をします。

| （借方）貸 倒 引 当 金 | 20 | （貸方）貸倒引当金戻入益 | 20 |

44

COFFEE BREAK

決算期後の取引先倒産で貸倒引当金修正!?

　決算期末が例えば2x12年３月31日の場合，通常は2x12年３月31日以前の取引を財務諸表に反映することになります。しかし，決算期末以後例えば2x12年４月10日に主要な取引先が倒産し，巨額の売掛金の回収ができなくなった場合，実は2x12年３月期の財務諸表を修正することが必要になってしまうのです。

　これは会計に後発事象という考え方があるためです。（修正）後発事象とは，決算期後に起こったことでも，実質的な原因が既に存在しており，決算日現在の引当金の見積りをする上で追加的に考慮することが求められる事象であり，主要な取引先が倒産し，巨額の売掛金の回収ができなくなった場合，2x12年３月期の財務諸表上，売掛金に対して追加的に貸倒引当金を計上することが求められることになります。

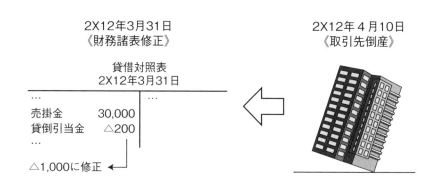

2X12年３月31日
《財務諸表修正》

貸借対照表
2X12年３月31日

| … | … |

売掛金　　30,000
貸倒引当金　△200
…

△1,000に修正 ←

2X12年４月10日
《取引先倒産》

第 **4** 章 有価証券

金融資産
現金預金－第1章コラム
金銭債権－第3章
・受取手形
・売掛金
・貸付金など
有価証券－第4章
・株式
・公社債など
ゴルフ会員権－第8章

金融負債
金銭債務－第5章
・支払手形
・買掛金
・借入金
・社債など

デリバティブ取引
先物取引，オプション取引，スワップ取引－第6章
ヘッジ会計－第7章
複合金融商品－第8章

時価の算定－第2章

この章では有価証券の会計処理
について見ていくよ。
「保有目的」と「期末時価評価」
がポイントだよ。

4-1 有価証券の範囲
金融商品会計基準の有価証券

 金融商品会計基準で「有価証券」として定義されているものについて
説明します。

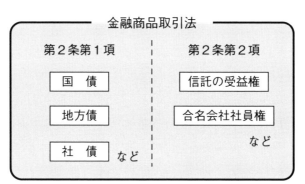

金融商品会計基準の有価証券

金融商品取引法

第2条第1項

国　債

地方債

社　債　など

第2条第2項

信託の受益権

合名会社社員権

など

会計基準で有価証券として取り扱うもの

国内CDなど

■有価証券の範囲■

　会計上，「有価証券」として扱われるものの範囲については，金融商品会計基準に定められていますので，ここでは基準に定められている有価証券にはどのようなものがあるか説明します。

■金融商品会計基準に定める有価証券■

①　金融商品取引法第2条第1項・第2項に定義する有価証券

　例）国債，社債等の債券，出資証券，株式，投資信託，国内CP，外国債，外国社債など

②　上記①に該当しないが有価証券として扱うもの

　例）国内CD（譲渡性預金）

One more

金融商品取引法に定める有価証券（主なもの）

第2条第1項

　1号　国債証券

　2号　地方債証券

　5号　社債券

　9号　株券又は新株予約権証券

　10号　投資信託及び投資法人に関する法律に規定する投資信託又は外国投資信託の受益証権

　12号　貸付信託の受益証券

　15号　法人が事業に必要な資金を調達するために発行する約束手形のうち内閣府令で定めるもの

第2条第2項（これらを「みなし有価証券」といいます）

　1号　信託の受益権

　2号　外国の者に対する権利で前号に掲げる権利の性質を有するもの

　3号　合名会社若しくは合資会社の社員権又は合同会社の社員権

4−2 有価証券の保有目的区分
保有目的区分の必要性

 会計上，有価証券はその保有目的により会計処理が異なるため，保有目的の観点から4つに区分する必要があります。

【有価証券の区分と会計処理の関係】

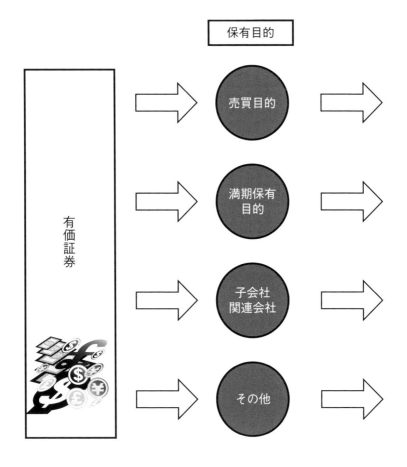

■保有目的とは■

　企業が有価証券を保有する動機はさまざまです。株式を例にしてみると，その売買を通じて短期的に利益を獲得したいという目的のケース（売買目的）もあれば，子会社や関連会社への影響力を保持することを目的に株式を保有するケース（子会社および関連会社）もあります。

　また，債券であれば，利息収入を目的に高格付の国債を手堅く保有するケース（満期保有目的）もあれば，リスク投資として特殊な債券を保有しているケース（その他）もあります。

　有価証券は，常になんらかの目的があって保有されます。

■保有目的で区分する理由■

　金融商品は，一般的には，市場が存在すること等により時価を把握できるとともに，これにより換金・決済等を行うことが可能であるため，原則として時価評価することが求められています。

　しかし，保有目的によっては，有価証券を直ちに売買・換金を行うことに事業遂行上等の制約がある場合などが想定されるため，これらの事情を全く考慮せずに時価評価を行うことは，必ずしも適切な評価をすることにならない場合もあります。

　そのため，金融商品会計基準では，保有目的の本質に着目した4つの区分に応じた会計処理を求めています。

> **Keyword**
>
> **市場とは**
> 　金融商品の種類により種々の取引形態がありますが，公設の取引所およびこれに類する市場など，随時，売買・換金等を行うことができる取引システム等をいいます。

4-3 売買目的有価証券
時価の変動により利益を得ることを目的に保有する有価証券

短期的な売買によって，売却益を獲得する目的で保有する有価証券は，「売買目的有価証券」として区分されます。

【売買目的有価証券の取引イメージ】

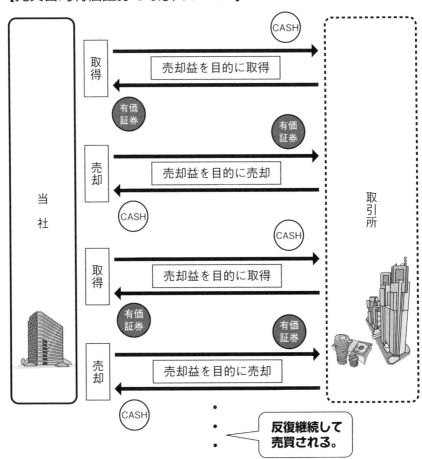

■売買目的有価証券とは■

　時価の変動により利益を得ることを目的として保有する有価証券を，「売買目的有価証券」といいます。具体的には，売却益の獲得を目的として，左図のように反復継続して売買される有価証券です。

　なお，売買目的有価証券に区分することが可能な有価証券の種類は，株式だけでなく社債や国債も含まれます。

■条　件■

　保有する有価証券が「売買目的有価証券」として区分されるには，具体的に，以下の2つの条件を満たすことが望ましいとされています。

① 　有価証券の売買を業としていることが，（会社の）定款に記載されていること。

② 　独立の専門部署によってトレーディングが行われていること。または，客観的にみて，明らかに短期的なトレーディングを大量に行っていること。

　つまり，一般事業会社が，売却益の獲得を目的に有価証券を一時的に保有したとしても，通常の場合は「売買目的有価証券」には該当しません。

　一方，証券会社などの金融機関では，顧客からの注文に基づいて有価証券を売買する他，自己の意思で株式・債券などのトレーディングを行い，利益を追求しているケースがあります。

　このような場合には，保有している（トレーディング目的の）有価証券は「売買目的有価証券」として取り扱われることになります。

4－4 満期保有目的の債券
満期まで所有する意図で保有する有価証券

 満期まで保有することを目的としていると認められる債券は,「満期保有目的の債券」として区分されます。

【満期保有目的の債券の取引イメージ】

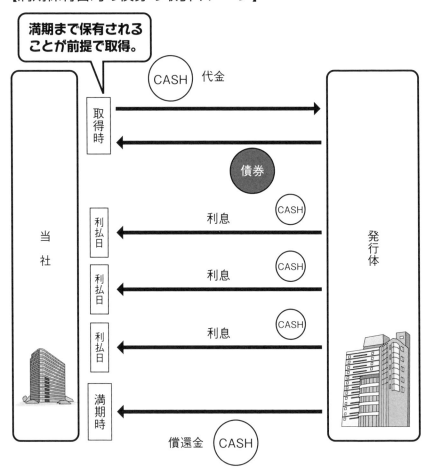

満期まで保有されることが前提で取得。

当社

CASH 代金

取得時

債券

利払日 利息 CASH

利払日 利息 CASH

利払日 利息 CASH

満期時

償還金 CASH

発行体

■満期保有目的の債券とは■

満期まで所有する意図をもって保有している債券を「満期保有目的の債券」といいます。つまり，取得してから償還日までの期間，継続して保有され，利息の受取り，および償還金額の回収のみを目的としている場合を指します。

■条　件■

保有する有価証券が「満期保有目的の債券」として区分されるには，具体的に，以下の3つの条件を満たす必要があります。

① あらかじめ償還日が定められていること。

② 額面による償還が予定されていること。

③ 保有する企業に満期まで所有するという積極的な意思と能力があること（この条件を取得時点から備えている必要があります）。

保有期間が漠然と長期であると想定し保有期間をあらかじめ決めていない場合，または市場金利や為替相場の変動等の将来の不確定要因の発生いかんによって売却が予測される場合には，満期まで所有する意思があるとは認められない点に，注意が必要です。

また，満期までの資金繰りの計画や法律などの障害などから継続的な保有が困難と考えられるような場合には，満期まで保有する能力があると認められません。

なお，他の保有目的で取得した債券について，時価が下落したことを理由に満期保有目的の債券に振り替えることは認められていません。

4-5 子会社株式及び関連会社株式
一定の影響力をもって保有する有価証券

 株式（議決権）の保有などにより，ある会社に一定以上の重要な影響を与えることを目的として保有する有価証券を「子会社株式及び関連会社株式」として区分します。

【子会社株式及び関連会社株式の保有イメージ】

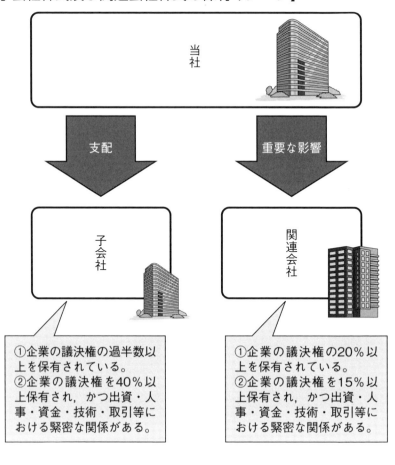

■**子会社株式及び関連会社株式とは**■

　他の企業の意思決定に対して強い影響力を保持することを目的として保有する株式を，その影響力の強さに応じて，子会社株式または関連会社株式といいます。

　また，これらは事業上の戦略的な動機による保有であるため，通常，その売却には制約があるという点が特徴です。

　子会社株式と関連会社株式のおもな条件は次のようになります。

■**子会社株式**■

　他の企業から意思決定機関を支配されている企業を「子会社」といいます。支配されているとは，以下のいずれかのような状態をいいます。
① 　企業の議決権の過半数以上を保有されている。
② 　企業の議決権を40％以上保有され，かつ出資・人事・資金・技術・取引等における緊密な関係がある。

■**関連会社株式**■

　他の企業から，財務および営業または事業の方針に重要な影響を及ぼされている企業を「関連会社」といいます。重要な影響を及ぼされているとは，具体的には以下のいずれかに該当する状態をいいます。
① 　企業の議決権の20％以上を保有されている。
② 　企業の議決権の15％以上を保有され，かつ出資・人事・資金・技術・取引等における緊密な関係がある。

　以上のとおり，保有する株式が「子会社及び関連会社」に該当するか否かの判定には，議決権比率という形式的な観点と，実際にどのような関係を有しているかという実質的な観点が考慮されます。

4－6　その他有価証券

前3項のどれにもあてはまらない有価証券

👉 売買目的有価証券，満期保有目的債券，子会社株式及び関連会社株式のいずれにも該当しない有価証券は，「その他有価証券」として区分します。

有価証券

- 売買目的有価証券
- 満期保有目的の債券
- 子会社株式及び関連会社株式

3つの目的いずれにも該当しない有価証券が
「その他有価証券」

■その他有価証券とは■

　4－3～4－5で説明した保有目的の3つの区分（「売買目的有価証券」・「満期保有目的の債券」・「子会社株式及び関連会社株式」）のいずれにも該当しない有価証券は，「その他有価証券」として区分します。

　「その他」というと，一見例外的であまり多く存在しないようなイメージを持ってしまいそうですが，実はこの「その他有価証券」が，実務では最も多く目にする有価証券です。「売買目的有価証券」，「満期保有目的の債券」，「子会社株式及び関連会社株式」とするためには，前述したとおり厳格な要件を満たす必要がありますが，それらの要件を満たさない有価証券がすべて「その他有価証券」に該当することになるためです。

　例えば，以下のような有価証券が「その他有価証券」として区分されます。

- 時価の変動で利益を得る目的で保有しているが，「売買目的有価証券」の要件を満たしていない有価証券
- 満期まで保有する意思が明確とはいえない国債や社債等の債券
- 持合い株式

▌One more ▶

持合い株式

　持合い株式とは，株式会社間で株式を相互に持合う株式をいいます。日本では商慣習として古くから行われており，特に銀行と貸出先の会社との間で多く行われていました。

　株式の持合いにより，取引先等との関係を維持できること，気心の知れた大株主が増えることから経営が安定すること，敵対的買収の防衛手段となること等のメリットがあります。ただし，既存株主の利益を損ねることや株式の流動性が減少すること等のデメリットがあります。

4−7 有価証券を時価評価する理由
時価評価によって資産価値の増減を認識

☞ 有価証券のうち時価がある有価証券は，時価が増減した場合，有価証券の資産価値も増減することから，会計上原則として当該資産価値の増減を認識する必要があります。

【時価の変動と有価証券の資産価値の増減】

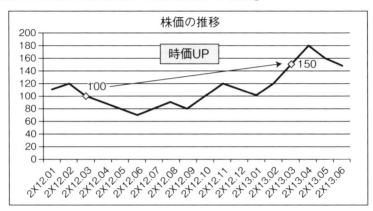

資産価値UP→会計上認識すべき！

2X12年3月末資産価値
100株×@100
＝10,000

2X13年3月末資産価値
100株×@150
＝15,000

UP！

時価評価前貸借対照表

有価証券　10,000

時価評価後貸借対照表

有価証券　15,000

■時価と有価証券の資産価値■

　有価証券のうち株式や一部の公社債，投資信託などは市場で売買されており，相場価格が形成されます。市場がない場合でも，一定の価格に基づいて取引がなされます。

　時価は市況によって刻々と変動しますが，時価が変動した場合，企業が保有する有価証券の資産価値も変動するため，財務活動の実態を適切に財務諸表に反映させる目的で，原則として会計上当該資産価値の増減を認識する必要があります。

■有価証券の時価評価■

　有価証券の取得価額は取得時の「取得単価×株式数（口数）」で計算されています。期末時点における有価証券の資産価値は「時価×株式数（口数）」で計算されます。有価証券の時価評価に際しては，取得価額を期末時点の資産価値に修正した上で，有価証券の保有目的区分に応じて評価差額を損益として計上するか，純資産に加減算します。

　以下，株式の期末時価評価については4－10，債券の期末時価評価については4－17，投資信託の期末時価評価については4－20で具体的に説明します。

4-8 株式とは
株式の特徴と株主の権利・責任

 株式の会計処理を見ていく前に，まずは株式の意義および株主としての権利と責任について学びます。

【株主と企業との関係】

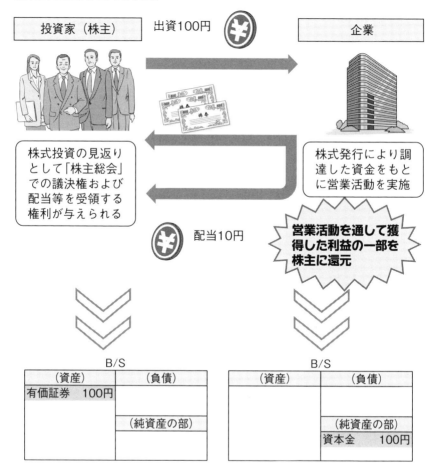

■株式とは■

　株式とは，株式会社が発行する出資証券をいいます。企業が営業活動を行う上では事業のための資金が必要となります。

　その際，企業は企業のオーナーとなる権利である株券を発行することで，多数の株主から資金を調達します。株主としても株券を購入することで議決権等の様々な権利を当該企業に対して有することに加え，インカムゲイン（配当）やキャピタルゲイン（売却益）を獲得できるといったメリットがあります。

■株主の権利と責任■

　企業の発行する株式を購入することにより，誰でも当該企業の株主となることができます。それでは，株主になると一体どのような権利および責任を負うことになるのでしょうか。以下では株主の権利と責任について見ていきましょう。

① 　株主の権利

　主に以下の権利を投資先企業に対して有することになります。

● 株主総会での議決権行使による経営参加権
● 配当を受ける権利
● 解散時に残余財産の分配を受ける権利

② 　株主の責任

　投資先企業の倒産時に，出資額を限度として責任（損失負担）を負うことになります（いわゆる「株主有限責任の原則」）。

One more

株券電子化

　2009年1月の株券電子化実施により上場株式に係る株券はすべて廃止され，株券の管理はコンピュータ上のデータ管理に移行されています。

4-9 株式の取得・売却処理

約定日の処理と取引付随費用の取扱い

 株式の取得および売却の会計処理について見ていきます。株式の取得価額には株式の購入価格に手数料等の付随費用を含める点に留意する必要があります。

【株式の買手と売手の関係】

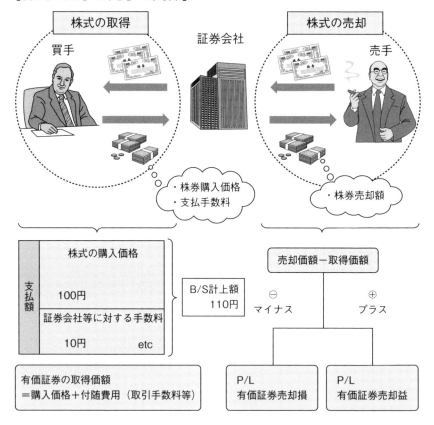

■株式取得時の処理■

① 株式取得取引の認識日

　証券会社等の取引相手と株式の売買契約を締結した際に，有価証券の取得を認識することになります。取引慣行上，約定日と株式の受渡日および資金決済日に乖離があるのが通常です。

　約定日から受渡日までの時価の変動のリスクは買手に移転することになるため，会計上は受渡日ではなく約定日に株式の取得を認識することが原則となっています（ただし，継続適用を条件に受渡日に会計処理することも認められています）。

② 株式の取得価額

　取得した株式のB/S計上額には，株式の購入価格に加え証券会社等に支払う支払手数料等の付随費用を加算する必要があります。

（借方）有　価　証　券	110	（貸方）現　金　預　金	110

■株式売却時の処理■

　取得の場合と同様，株式を売却した場合，原則として約定日に売却を認識します。売却時の手数料については，支払手数料（費用）として処理します。

（売却益のケース）

（借方）現　金　預　金	120	（貸方）有　価　証　券	110
		有価証券売却益	10

（売却損のケース）

（借方）現　金　預　金	100	（貸方）有　価　証　券	110
有価証券売却損	10		

4−10 株式の決算処理① 期末時価評価
保有目的別の会計処理

 時価のある株式については，各銘柄の保有目的に応じて期末の時価評価額および評価差額の処理が異なります。

【保有目的別の時価評価】

前提条件
・取得原価　　700円
・期末日時価
　ケース1　1,000円
　ケース2　　500円

（その他補足）
・その他有価証券の評価差額の処理方法は"全部純資産直入法"を採用しているものとする。
・説明の便宜上，税効果会計は考慮しない。

（注）　全部純資産直入法は，その他有価証券の評価差額（時価と簿価の差額）を純資産の部に計上する処理方法で，原則的な方法です。これに対し，評価差益は純資産の部に計上し，評価差損を当期の損失に計上する方法である部分純資産直入法があります。

■売買目的有価証券■

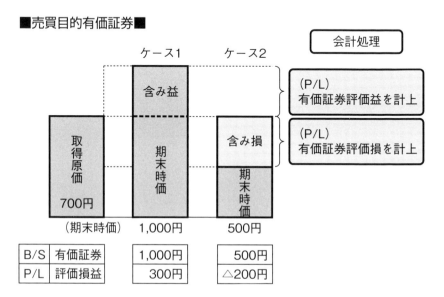

■子会社及び関連会社株式■

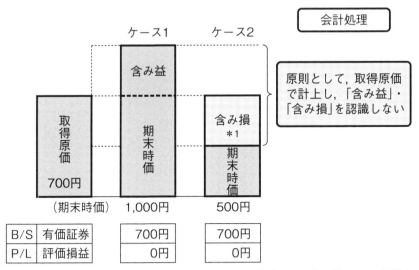

＊1　含み損の金額が取得原価の50％程度以上となった場合には，含み損について減損処理が必要となります。

■その他有価証券■

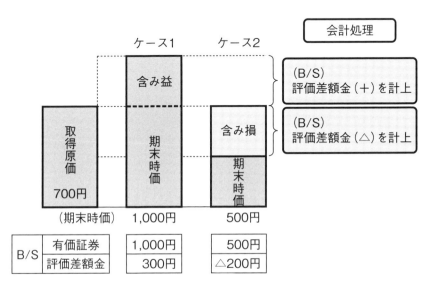

■株式の時価■

　上場株式の時価は，一般的にマーケット・アプローチにより，証券取引所公表の市場価格を用いて算定します。活発な市場で取引されている上場株式であれば，レベル１の時価に分類されます。基本的には，期末日の"終値"を期末時価として採用しますが，期末日に対象銘柄の取引出来高がなく，"終値"がない場合には，"気配値（けはいね）"を採用することになります。"気配値"とは，売手・買手それぞれが希望する値段（指値）をいい，証券取引所での取引基準となる価格です。買手の希望する値段である"買い気配"と売手の希望する値段である"売り気配"の間の適切な価格を用いて，当該株式の期末時価を算定します。実務上，簡便的に仲値（"買い気配"と"売り気配"の中間の価格）を利用することもできます。

　一方，非上場株式のように市場価格がない場合には，取得原価で評価します。

■保有目的別の期末評価方法

　株式の場合，その保有目的としては「売買目的有価証券」，「子会社株式及び関連会社株式」，「その他有価証券」の３区分に分類され区分ごとに処理が異なるため，以下ではこの区分ごとの期末評価方法について見ていきます。

① 売買目的有価証券

　売買目的有価証券で保有している株式については期末時価でB/Sに計上し，時価と取得原価との差額（以下，「評価差額」）は，P/Lに計上します。これは，会社がトレーディング目的で保有しているため，財務活動の成果である時価の変動を当期損益に反映することが合理的だからです。上記前提条件の場合，【ケース１】，【ケース２】それぞれの仕訳は以下のとおりになります。

```
（ケース1）
（借方）有　価　証　券　　　300　（貸方）有価証券評価益　　　300
（ケース2）
（借方）有価証券評価損　　　200　（貸方）有　価　証　券　　　200
```

②　子会社株式及び関連会社株式

　子会社株式及び関連会社株式は，時価の変動を財務活動の成果とは捉えないという考え方から，時価の有無にかかわらず取得原価で評価します。そのため，期末評価の仕訳は不要です。

```
（ケース1）および（ケース2）
仕訳なし
```

③　その他有価証券

　その他有価証券で保有している株式については売買目的有価証券と同様，期末時価でB/Sに計上することになります。ただし，必ずしも売却を目的として保有していないことから，評価差額が実現するか否かが不透明であるため，評価差額を当期損益ではなくB/Sの純資産の部に「その他有価証券評価差額金」として計上します。仕訳例は以下のとおりです（ここでは省略していますが，実際には税効果を考慮して計算します）。

```
全部純資産直入法
（ケース1）
（借方）有　価　証　券　　　300　（貸方）その他有価証券　　　300
　　　　　　　　　　　　　　　　　　　　評価差額金
（ケース2）
（借方）その他有価証券　　　200　（貸方）有　価　証　券　　　200
　　　　評価差額金
```

4-11 株式の決算処理②
時価あり株式の減損処理
時価の下落率に応じた減損要否の判定

> 株式の時価が著しく下落した場合，時価が取得原価まで回復する見込みがある場合を除いて，評価差額（含み損）をP/Lに計上することが求められます。

【時価の下落率による減損処理の判定】

① 時価下落率50％程度以上の場合

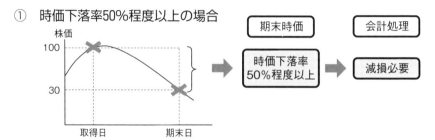

② 時価下落率30％～50％の場合

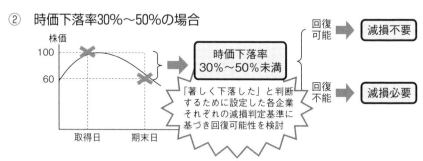

③ 時価下落率30％未満の場合

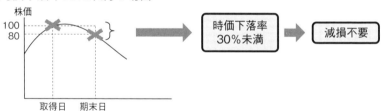

■減損処理とは■

　取得原価で評価されている株式や，時価があるその他有価証券のように評価差額がP/Lに計上されていない株式については，時価が著しく低下し，今後取得原価まで回復する可能性がないと見込まれる場合には，当該株式の資産価値を財務諸表上に反映するため，評価差損を当期の損失として処理し，株式の帳簿価額を時価まで減額処理することが求められます。この処理のことを"減損処理"といいます。

（左図で取得価額が100，期末時価が30であった場合）				
（借方）有価証券評価損	70	（貸方）有　価　証　券		70

■時価の下落率による減損処理の判定■

　著しい下落に該当するか否かは個々の銘柄ごとに取得原価に対する時価の下落率に基づき判断することになります。具体的には以下の下落率区分に応じて判断します。

① 　時価下落率50％程度以上の場合

　図表①のように下落率が50％程度以上となっている場合，一般的に著しい下落に該当します。この場合，合理的な反証がない限り，時価が取得原価まで回復する見込みはないものとして減損処理が強制されます。

② 　時価下落率30％以上50％未満の場合

　各企業が定めた著しく下落したと判定するための合理的な基準（例えば，発行会社が2期連続赤字決算である場合や過去継続して時価が30％以上下落している場合等）に照らして回復可能性を判定のうえ，必要に応じて減損処理します。

③ 　時価下落率30％未満の場合

　下落率が30％未満の場合には，減損処理は通常求められません。

4-12 株式の決算処理③
市場価格のない株式の減損処理
実質価額の下落に応じた減損要否の判定

☞ 非上場株式のように市場価格がなく取得原価で評価する株式については，投資先企業の財政状態が悪化したことにより株式の実質価額が著しく下落している場合には，期末日に減損処理が必要です。

【実質価額の下落率に応じた減損要否の判定】

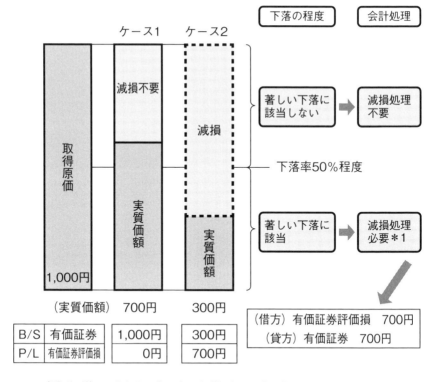

	ケース1	ケース2
（実質価額）	700円	300円
B/S 有価証券	1,000円	300円
P/L 有価証券評価損	0円	700円

（借方）有価証券評価損　700円
（貸方）有価証券　700円

＊1　事業計画等により概ね5年以内に実質価額が回復可能と認められる場合には，減損処理しないことも認められます。

■市場価格のない株式の減損処理の必要性■

　市場価格のない株式は取得原価で計上されますが，発行会社の財政状態が悪化したことにより株式の実質価額が著しく下落した場合には，時価のある株式と同様に，当該株式の実質的な価値を財務諸表に反映させるため，減損処理が必要となります。

■実質価額の算定方法■

　市場価格のない株式の一般的な実質価額の算定方法には①純資産方式，②企業価値算定方式があります。

① 　純資産方式

　発行会社の財務諸表を基礎に，資産等の時価評価に基づく評価差額を加味して算定した1株当たりの純資産額に，所有株式数を乗じた価額を実質価額とする方法です。

② 　企業価値算定方式

　発行会社から将来もたらされるリターンの合計を現在価値に還元した企業価値に基づき，所有株式の実質価額を算定する方法です。企業価値の代表的な算定方法には（ア）DCF（ディスカウント・キャッシュフロー）法，（イ）配当還元法があります。

企業価値評価方法	概　　　　　要
（ア）DCF法	将来キャッシュ・フローを当該会社のリスクを反映した割引率により算定した現在価値を企業価値とする方法
（イ）配当還元法	将来の配当額を推定し，当該会社のリスクを反映した割引率により算定した金額を企業価値とする方法

4-13 債券とは
債券の特徴と種類

 債券の会計処理について見ていきます。まずは，債券の内容および種類について確認します。

【投資家と債券の発行体との関係】

発行体別の債券名称
国　　　　　　…国債
地方公共団体　…地方債
企業　　　　　…社債

投資家 （債券保有者）	購入資金 100円	国・地公体・企業 （債券の発行者）

 発行価額
100円

債券取得により
①利払日に利息
②満期日に償還金
を受け取ることが
できる

公共事業等や事業
活動の資金を調達
するために債券を
発行

 利息10円

B/S

（資産）	（負債）
有価証券　100円	
	（純資産の部）

B/S

（資産）	（負債）
	社債　　　100円
	（純資産の部）

■債券とは■

　債券とは，国・地方公共団体や事業会社などが事業等の資金を調達するために，均一の条件で発行する有価証券です。債券の発行形態には利付債と割引債があります。

　利付債は，取得日から償還期日までの間，予め決められた一定の期間毎に利息を受け取ることができる債券です。この受取利息を，一般的にはクーポンやインカムゲインといいます。

　一方，割引債はクーポンをなくして利息分を調整するために額面金額よりも低い価格で発行される債券です。

■債券の種類■

　債券はその発行体により以下のように分類されます。

種別	概　　　　　要
国債	国が発行する債券。償還期間に応じて超長期，長期，中期国債等に分類される。
地方債	地方公共団体が発行する債券。東京都債，横浜市債等。
社債	一般事業会社が発行する債券。普通社債，転換社債，ワラント債等。
金融債	金融機関が発行する債券。利付金融債，割引金融債等。
外国債券	外国政府や外国企業等が発行する債券。

One more

債券と株式の関係

　債券と株式は，投資家から直接資金を調達（直接金融）する資金調達手段である点で共通しています。一方，債券は一定期間後，利息と共に資金を投資家に返済する義務があるのに対して，株式には返済義務がない点で相違しています。

4-14 債券の取得・売却処理
約定日の処理と取引付随費用・経過利子の取扱い

> 債券の取得および売却の会計処理について見ていきます。取得価額の取扱いは，債券も株式と同様ですが，経過利子が発生するので注意が必要です。

【債券の買手と売手の関係】

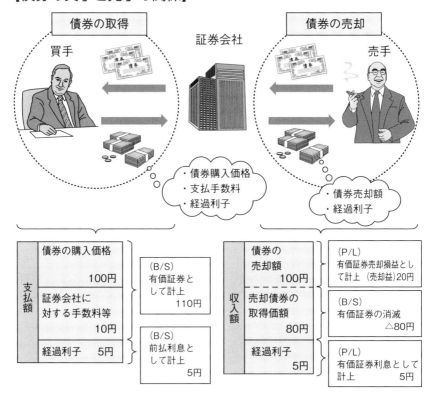

（注） 上記図は「既発行債」の取得を想定しています。「新規発行債」の取得では取得日＝利息計算開始日となるため，"経過利子" の処理は生じません。

■債券取得時の処理■

　債券を取得した場合，株式と同様，約定日に取得の会計処理を行います。債券の取得価額には，債券の購入価格に加えて，証券会社等に対する支払手数料を含める必要があります。

　また，債券の取得日が前回利払日と次回利払日の間にある場合には，直前利払日からその受渡日までの利子相当分を買手から売手に経過利子として支払う必要があります。これは，利息は債券の所有者に支払われることになりますが，保有者は債券の所有期間に応じて利息を受領する権利を有することから，取得時に既経過分の利息を買手から売手に支払う必要があるためです。この経過利子は，前払利息として処理します。

　経過利子の算定
　経過利子＝額面×利率×経過日数（約定日－前回利払日）/365日

（借方）有　価　証　券	110	（貸方）現　金　預　金	115
前　払　利　息	5		

■債券売却時の処理■

　取得の場合と同様に，債券を売却した場合は，原則として約定日に売却を認識します。売却時の手数料については，支払手数料として認識します。

（借方）現　金　預　金	105	（貸方）有　価　証　券	80
		有価証券売却益	20
		有価証券利息	5
（借方）支　払　手　数　料	10	（貸方）現　金　預　金	10

4-15 利払日および償還日の処理

受取利息と償還の会計処理

受取利息と償還の会計処理について見ていきます。受取利息について
は利払日に収益認識します。償還については，B/Sに計上している債
券の消滅を償還日に認識します。償還差額がある場合には償還損益と
して処理します。

【受取利息と償還の処理】

前提条件
額　面：10,000円　　　クーポン利子率：年利6％
発行日：X1年 1月 1日　利払日：毎年6月末日および12月末日年2回
満期日：X2年12月31日

| 利払日
(X1/6末) | 利払日
(X1/12末) | 利払日
(X2/6末) | 満期日
(X2/12末) |

償還金
10,000円

国・地公体・企業
（債券の発行者）

利息
300円　利息
300円　利息
300円

利息
300円

投資家
（債券保有者）

【受取利息の算定】

額面金額×利率（％）×利息計算期間

計算例
10,000円×6％×6ヶ月／12ヶ月＝300円

■受取利息の処理■

債券のうち利付債については，予め定められた利払日に発行体から債券保有者に対して利息の支払が行われます。

図の前提条件の場合，年2回，額面金額に対して年率6％の利息が償還日まで支払われることになります。受取利息については債券保有者から見た場合，利払日に受取利息をP/Lに計上します。

【利払日】×1/6月末，×1/12月末，×2/6月末，×2/12月末

（借方）現　金　預　金　　300　（貸方）有価証券利息　　300

■債券の償還処理■

満期償還の場合，償還損益は発生しません。そのため，単純に発行体から受領した償還金をB/Sに計上すると共に，これまでB/Sに計上していた債券を消滅させます。

【満期日】×2/12月末

（借方）現　金　預　金　10,000　（貸方）有価証券（債券）　10,000

なお，4-16で説明する償却原価法を適用している債券について期限前償還がなされた場合，償還金額と債券の帳簿価額に差額が生じるため，償還損益が認識されることになります。

4−16 債券の決算処理① 償却原価法
利息法と定額法

> 満期保有目的，その他有価証券の債券については，額面金額と発行価額との差額（発行差額）が金利調整の性質を有する場合は償却原価法を適用し，発行差額を取得日から満期日までの期間に応じて取得価額に加減する必要があります。

【償却原価法―利息法・定額法の関係】

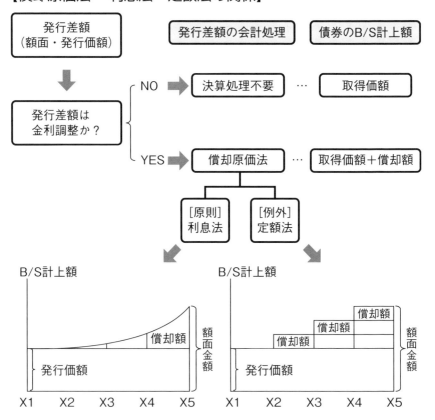

■償却原価法とは■

　割引債のように債券の額面金額と発行価額が相違している債券を取得する場合があります。発行差額が生じる要因には，（ⅰ）クーポン利子率と取得時の市場金利との差額調整に起因したもの（金利調整差額といいます）と，（ⅱ）債券の発行体の信用力やその他の要因の変動に起因したものがあります。

　このうち（ⅰ）の金利調整差額については，償還時に損益処理するよりも，債券利息と同様，時の経過に応じて損益認識していくことが合理的といえます。そこで，金融商品会計上，発行差額のうち金利調整差額については償却原価法を適用することが求められています。

　ここで，償却原価法とは発行差額のうち金利調整差額を取得日から満期日までの期間にわたって期間配分する方法をいい，以下に記載した利息法と定額法があります。当該処理により調整額を債券の取得価額に加減すると共に，有価証券利息を計上します。

■償却原価法の適用方法―利息法と定額法について■

　債券の実質的な利回りを有価証券利息に反映できることから，利息法が原則処理となっています。ただし，利息法による計算方法の複雑性を考慮し，簡便的な計算方法の定額法も認められています。

　利息法は，複利計算を加味して取得日から償還日までの期間にわたって発行差額を配分する方法になります。

　一方，定額法は発行差額を取得日から償還日までの期間にわたって均等配分する方法です。

4-17 債券の決算処理② 期末時価評価
保有目的別（売買・満期・その他）の会計処理

 債券は，各銘柄の保有目的に応じて期末評価額および評価差額の処理が異なります。

【保有目的別の期末時価評価】

前提条件
・取得原価　　　　700円
・期末日時価
　ケース1　　　1,000円
　ケース2　　　　500円

（その他補足）
・その他有価証券の評価差額の処理方法は"全部純資産直入法"を採用しているものとする。
・説明の便宜上，税効果会計は考慮しない。

■売買目的有価証券■

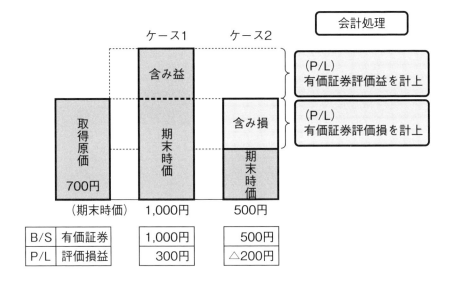

■満期保有目的の債券■

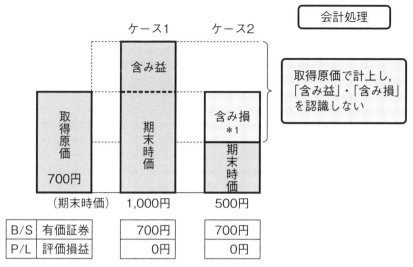

B/S	有価証券	700円	700円
P/L	評価損益	0円	0円

＊1　含み損の金額が取得原価の50%程度以上となった場合には，含み損について減損処理が必要となります。

■その他有価証券■

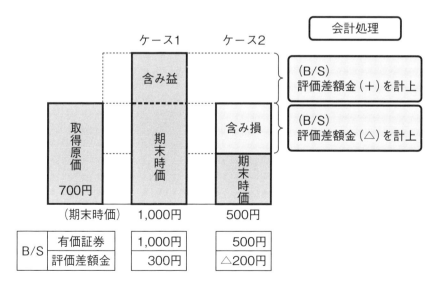

B/S	有価証券	1,000円	500円
	評価差額金	300円	△200円

82

■債券の時価■

　債券の時価は，一般的にマーケット・アプローチにより，相場価格があれば当該価格を利用して算定することが考えられます。国債のように活発な市場において無調整の相場価格を利用できる場合は，レベル１の時価に分類されます。また，地方債や社債のように相場価格はあるものの，市場が活発でない場合には，レベル２の時価に分類されます。

　相場価格を利用することができない場合，たとえばインカム・アプローチにより，当該債券から得られる将来キャッシュ・フローに基づき，種々の不確実性（リスク）等を考慮して算定した現在価値を，当該債券の時価とする方法（現在価値技法）等が考えられます。この場合，時価の算定に用いた仮定（インプット）が観察可能であれば，レベル２の時価に分類され，重要な観察できないインプットを用いる場合には，レベル３の時価に分類されます。

■保有目的別の期末評価方法■

　債券の場合，その保有目的は「売買目的有価証券」，「満期保有目的の債券」，「その他有価証券」の３区分に分類されます。そこで，以下では上記区分ごとの期末評価方法について見ていきます。

① 売買目的有価証券

　売買目的有価証券で保有している債券については期末時価でB/Sに計上のうえ，時価と取得原価との差額（以下，「評価差額」）をP/Lに計上します。

　図表の場合，【ケース１】，【ケース２】それぞれの仕訳は以下のとおりになります。

```
（ケース１）
（借方）有　価　証　券　　300　　（貸方）有価証券評価益　　　300
（ケース２）
（借方）有価証券評価損　　200　　（貸方）有　価　証　券　　　200
```

② 満期保有目的の債券

満期保有目的の債券については時価の有無にかかわらず，取得原価で評価します。そのため償却原価法の仕訳を除き，決算日に仕訳は不要となります。

③ その他有価証券

その他有価証券で保有している債券については売買目的と同様，期末時価でB/Sに計上します。その一方で，評価差額をP/LではなくB/Sの純資産の部に計上します。

仕訳例は以下のとおりです。

```
全部純資産直入法
（ケース１）
（借方）有 価 証 券        300   （貸方）その他有価証券          300
                                   評 価 差 額 金
（ケース２）
（借方）その他有価証券      200   （貸方）有 価 証 券            200
        評 価 差 額 金
```

4－18 債券の決算処理③
時価あり債券の減損処理
時価の下落率に応じた減損要否の判定

> 債券の時価が著しく下落した場合，時価が取得原価まで回復する見込みがある場合を除いて評価差額（含み損）をP/Lに計上することが求められます。

【時価の下落率による減損処理の判定】（再掲）

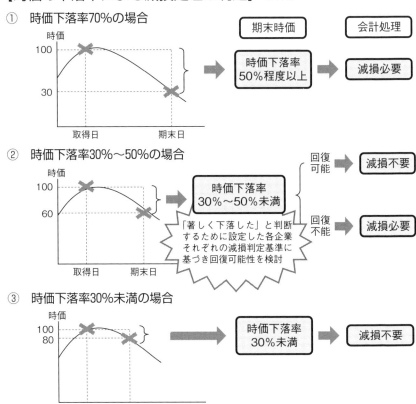

① 時価下落率70%の場合

② 時価下落率30%～50%の場合

③ 時価下落率30%未満の場合

■債券の減損処理■

　債券の場合も株式と同様，時価の下落率区分に応じ，時価が著しく下落したと判断される場合には減損処理をすることが必要となります。詳細については4−11の項をご参照ください。

■回復可能性の判定■

　例え，時価が大幅に下落していたとしても「時価の回復見込みがある」と判断される場合には，減損処理をする必要はありません。

　この場合の回復見込みがあるとは，時価の下落が一時的なものであり，期末日後，概ね1年以内に時価が取得原価にほぼ近い水準にまで回復する見込みがあることを合理的な根拠によって判断できる場合をいいます。

　例えば，債券の場合，時価の下落が市場金利の上昇によって生じたものであり，債券の利息・償還金の延滞や発行会社の財政状態の悪化による信用リスクの増大といった発行会社固有の事象により生じたものでないと判断される場合には，回復可能性があると認められることもあります。

4−19 投資信託とは
仕組みと種類

 投資信託とは，複数の投資家から集めた資金を1つにまとめて，運用の専門家が効率的な分散投資を行い，その運用成果をそれぞれの投資家に分配する金融商品です。

【投資信託の仕組み】

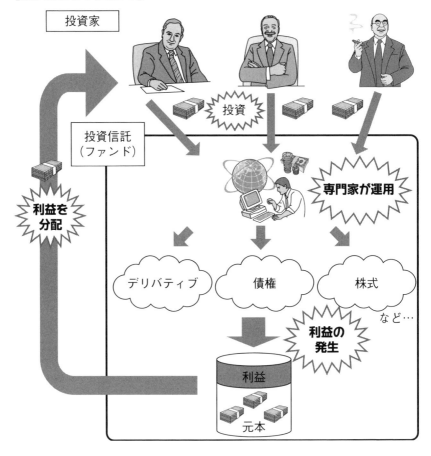

■投資信託とは■

　投資信託は様々な投資家から資金を調達し，集められた資金を1つに
まとめ，それを元手に運用の専門家が投資信託の運用方針に基づいて運
用します。投資信託の運用成績はその運用先によって変動し，生じた損
益はそれぞれの投資額に応じて投資家に帰属することになります。また，
投資信託は銀行の預金のように元本が保証されている金融商品ではない
ことに注意が必要です。

■投資信託の種類■

　投資信託は様々な分類の方法がありますが，運用方法によって分類す
れば積極的に運用する投資信託をアクティブファンド，ある一定の指数
（日経平均やTOPIXなど）に運用成績が連動するように投資する投資信
託をインデックスファンドといいます。またインデックスファンドのう
ち，株式市場に上場されている，つまり，市場で売買できるものを
ETF（上場投資信託）と呼びます。

　その他，購入方法によって分類すれば，募集期間にしか購入すること
ができない投資信託を単位型（ユニット型），募集期間以外でも原則自
由に購入できる投資信託を追加型（オープン型）と呼びます。その他，
分配金の分配方法による分類，設定国による分類，投資対象による分類
などにより様々な種類に分類されます。

■投資信託の区分■

　投資信託は一般には満期に額面金額で償還が予定されるものではあり
ませんので，満期保有目的の債券には区分できず，売買目的有価証券ま
たはその他有価証券に区分されることになります。

4-20 投資信託 期末時価評価
時価と基準価額

 投資信託は期末に時価によって評価されますが，この項では投資信託の時価について説明します。

【投資信託の時価と基準価額】

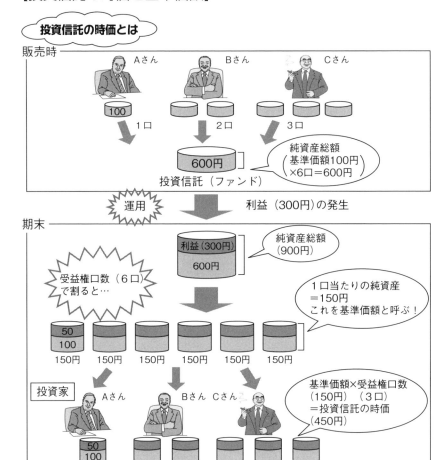

■投資信託の時価■

　取引所に上場している投資信託の時価は，一般的にマーケット・アプローチにより，期末における取引所の終値を時価とすることが考えられます。

　これに対し，上場していない投資信託は，解約等における重要な制限の有無により時価の算定方法が異なります。解約等に重要な制限がない場合，基準価額またはその他の方法により算定された価格を時価とします。

　一方，解約等に重要な制限がある場合には，基準価額をそのまま用いることはできず，何らかの調整を行うか，その他の方法により算定された価格を時価とします。ただし，当該投資信託の財務諸表が国際財務報告基準（IFRS）や米国会計基準に従って作成されている等，一定の要件を満たす場合には，基準価額を時価とみなすことができます。

■基準価額とは■

　基準価額とは，投資信託の１口当たり純資産のことです。

　例えば，左の図のように，１口当たり100円の投資信託について，３人の投資家からそれぞれ１口，２口，３口の投資が集まったとします。集まった投資は全部で６口ですから，投資信託全体では100円×６口＝600円を運用することになります。その後，期中の運用を経て，期末までに利益が300円出た場合，元々あった600円にこの利益を足した900円が投資信託全体の純資産総額となります。

　ただし，個々の投資家の持分はそれぞれ異なりますから，純資産総額を総口数で割ることにより基準価額を計算します。そのため，期末時点での基準価額は900円÷６口＝150円となります。

　なお，それぞれの投資家は所有する口数に応じて投資信託の時価を計算することとなります。例えば，左の図のＣさんは３口保有していますから，Ｃさんが保有する投資信託の期末時価は150円×３口＝450円となり，この金額で評価されることになります。

4-21 投資事業組合出資
仕組みと会計処理

 投資事業組合とは，未公開企業等に投資することにより利益を得ることを目的とした投資の仕組みのことをいいます。

【投資事業組合の仕組み】

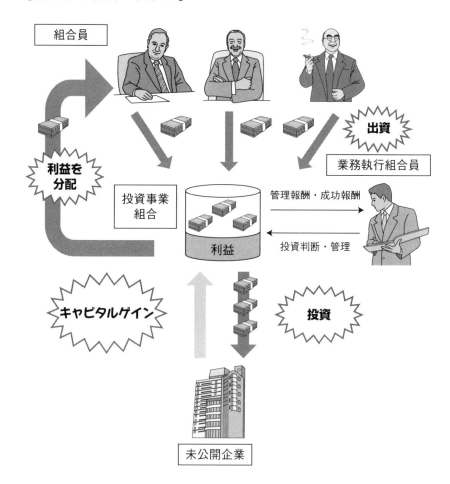

■投資事業組合とは■

　投資事業組合では，左の図のようにベンチャーキャピタルと呼ばれる未公開株式投資の専門家（業務執行組合員）が組合員から資金を調達し，その資金で未公開企業の株式等を購入します。業務執行組合員は投資事業組合から報酬を得る代わりに，未公開企業の株式の購入や売却を判断したり，組合の管理を行います。そして，未公開企業が上場すること等により，株式の価値が上昇した結果得られた利益（キャピタルゲイン）を組合員に分配します。

■投資事業組合出資の会計処理■

　投資事業組合出資は金融商品であるため，会計処理についても金融商品と同様になります。すなわち，ある組合員の出資額が100円であった場合，出資時の仕訳は以下のようになります。

（借方）出　資　金	100	（貸方）現　金　預　金	100

　さらに，当期に株式の売却によるキャピタルゲインが50円，業務執行組合員に支払う報酬が10円，投資した株式の評価損が10円だった場合，期末時点において，当期の純損益のみを計上する方法（純額方式）によると，仕訳は次のとおりです。

（借方）出　資　金	30	（貸方）投資事業組合利益	30

　また，当期の収入科目および費用科目を総額で計上する方法（損益帰属方式）によると，次の仕訳がなされます。

（借方）出　資　金	30	（貸方）株　式　売　却　益	50
管　理　費　用	10		
株　式　評　価　損	10		

クロス取引とは？

　有価証券（株式）は会計上，株式市場や立会外取引等の相対取引により売却した日（約定日）に売却処理を行うこととなります。これは，約定日を境に，取引の対象となっている有価証券に係る時価変動リスクが売手から買手に移転しているためです。

　しかし，例えば，株式を売却した直後（5営業日以内）に同一銘柄の株式を購入した場合，または株式を市場価格等の時価で購入後，直ちに同一銘柄の株式を同じく時価で売却した場合であっても，取引実態として，売手と買手が1対1で対応している等，実質的に相対取引になっていると解されるような場合には，売却処理が会計上，否定されることがあります。

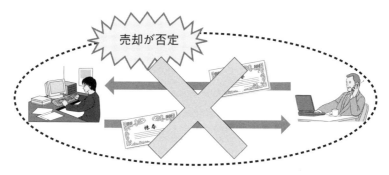

　上記のような取引をクロス取引といいます。

　クロス取引は，従前，企業が決算対策として，好業績に見せるために，含み益を有している保有株式をいったん売却した後，直ちに同銘柄を買戻し，帳簿上の利益を確保するために行われていました。

　しかし，決算操作に近い不透明な行為であるとの見方から，現行の金融商品会計上では，クロス取引で計上された売却益を損益計算書へ計上することは認められていません。

第 5 章 金銭債務

<table>
<tr><td>

金融資産

現金預金－第1章コラム
金銭債権－第3章
・受取手形
・売掛金
・貸付金など
有価証券－第4章
・株式
・公社債など
ゴルフ会員権－第8章

</td><td>

金融負債

金銭債務－第5章
・支払手形
・買掛金
・借入金
・社債など

</td></tr>
</table>

デリバティブ取引

先物取引，オプション取引，スワップ取引－第6章
ヘッジ会計－第7章
複合金融商品－第8章

時価の算定－第2章

この章では支払手形，買掛金などの金銭債務の会計処理について見ていくよ。

5−1 金銭債務とは
金銭債務の内容および貸借対照表計上額

 金銭債務とは，金融負債のうち他の企業に現金を引き渡す契約上の義務のことをいいます。

【金銭債務が発生する取引】

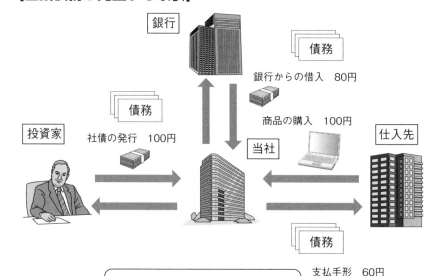

銀行

債務

銀行からの借入　80円

債務

投資家

社債の発行　100円

商品の購入　100円

当社

仕入先

債務

支払手形　60円
買掛金　　40円　の発生

 当社にとって，他の企業や投資家に現金を引き渡す義務（＝金銭債務）が発生しているね！

（資産）	（負債）	
	支払手形	60
	買掛金	40
	借入金	80
	社債	100
	（純資産）	

■金銭債務とは■

　金銭債務とはどのような取引から生じるのでしょうか。企業は仕入の際，代金を仕入時に支払うのではなく将来に支払う約束をすることによって商品を購入する場合があります。

　また，企業は銀行などからお金を借りたり，投資家に対して社債と呼ばれる債券を発行することによって資金調達を行います。その際，取引の相手側では将来お金を受け取る権利が生じますが，反対に企業では「現金を引き渡す義務」が生じることになります。

　このような義務のうち，商品の購入によって発生するものは「支払手形」や「買掛金」，借入によるものは「借入金」，社債の発行によるものは「社債」として貸借対照表の負債項目に計上します。

■金銭債務の貸借対照表計上額■

　借入金や買掛金，支払手形は一般的にそれを売買する市場がありません。また，社債のように市場があったとしても，取引量が少なく自由に売買することは困難なこともあります。そのため，金銭債務の貸借対照表価額は債務額＝将来引き渡す現金の額とされ，時価評価の対象としないことが適当です。

　例えば，将来100円を支払う約束をして100円のものを仕入れた場合，貸借対照表の買掛金には100円が計上されます。

（借方）仕　　　　　入　　　100	（貸方）買　　掛　　金　　　100

　ただし，社債については，将来引き渡す現金の額よりも低い価額または高い価額で発行する場合がありますので，発行した際に払い込まれる金額と将来引き渡す現金の額とが異なる場合には，償却原価法に基づいて算定された価額をもって，貸借対照表価額とする必要があります（5－2参照）。

5-2 社債の会計処理
発行者側から見た具体的な会計処理

 ここでは，金銭債務である社債について発行者側からみた具体的な会計処理について説明します。

【社債の発行から償還まで】

前提条件
額　　面：10,000円　　　償還期間：2年間
発行金額：　9,000円　　　クーポン利子率：年利6％
発行日：X1年7月1日　　利払日：毎年6月末日および12月末日年2回
満期日：X3年6月30日

発行日　　利払日　　　利払日　　　利払日　　満期日
（X1/7/1）（X1/12/31）（X2/6/30）（X2/12/31）（X3/6/30）

期末日　　　　　　　期末日
（X2/3/31）　　　　（X3/3/31）

（＊2）500円
（償却額）

（＊1）375円
（償却額）

10,000円
（償還金額）

9,000円
（当初入金額）

9カ月　　　　12カ月　　3カ月

＊1 1,000円×9カ月÷24カ月
＊2 1,000円×12カ月÷24カ月

社債を発行した場合の会計処理について説明します。

■発行日（×1/7/1）の会計処理■

社債を発行した際の会計処理は左の例では額面10,000円の社債を9,000円で発行していますので，次の仕訳のとおりとなります。差額の1,000円は社債の発行時点で生じている債務ではないので認識しません。

| （借方）現　金　預　金 | 9,000 | （貸方）社　　　　　債 | 9,000 |

■利払日（×1/12/31）の会計処理■

金利の計算期間は発行日の×1/7/1から×1/12/31までの半年間ですので，金利の支払いは10,000円×6％×6カ月/12カ月＝300円となります。金利の計算は社債の発行価額である9,000円ではなく額面の10,000円であることに注意が必要です。

| （借方）社　債　利　息 | 300 | （貸方）現　金　預　金 | 300 |

■期末日（×2/3/31）の会計処理■

期末には4－16で記載した償却原価法により社債の発行金額と償還金額の差額を償却処理する必要があります。

なお，4－16で説明した償却原価法は社債の取得者側の処理ですが，発行する側であっても基本的な考え方は同じです。すなわち，社債の発行差額1,000円を金利の調整と捉え，期末までの期間で按分することになります。

ここでは，定額法を採用すると，社債発行日から期末日までの期間は9カ月ですから，1,000円×9カ月/24カ月＝375円を償却します。

| （借方）社　債　利　息 | 375 | （貸方）社　　　　　債 | 375 |

さらに期末に第2回目の利払日は到来していないものの，その間も利息は発生していますので，最後に利息を計上した利払日（×1/12/31）から期末（×2/3/31）までの期間（3カ月）分の利息，10,000円×6%×3カ月/12カ月＝150円を計上します。ただし，現金が支払われるのは翌期の利払日のため，（貸方）は未払利息となります。

（借方）社 債 利 息	150	（貸方）未 払 利 息	150

■満期日（×3/6/30）の会計処理■

満期日になると償却原価法に基づいて社債発行差額の未償却残高（×3/3/31においても500円（＝1,000円×12カ月/24カ月）の償却が行われているため，未償却残高は125円）の償却が行われます。

（借方）社 債 利 息	125	（貸方）社 　　　 債	125

また，最後の利払いが行われます。その際，3カ月分（×3/1/1～×3/3/31）の利息については前期末（×3/3/31）に未払利息が計上されていますので，借方に未払利息を計上して前期計上分を相殺する必要があります。

（借方）未 払 利 息	150	（貸方）現 金 預 金	300
社 債 利 息	150		

さらに，社債の償還が行われた際の仕訳は以下のようになります。

（借方）社 　　　 債	10,000	（貸方）現 金 預 金	10,000

One more

当座貸越契約と借入金

　当座貸越とは，銀行と前もって契約を結んでおくことによって，預金残高が不足した場合でも契約した金額までは支払いに応じてもらえる仕組みのことです。

　例えば，当座貸越契約を結んでいる口座に100円の預金残高があったとします。

　ここで150円の商品を仕入れ，その口座から支払った場合，仕訳は以下のようになります。

（借方）商品　150　（貸方）当座預金　150

<table>
<tr><td>（資産）
当座預金　100円
×××</td><td>（負債）
×××</td></tr>
<tr><td></td><td>（純資産）
×××</td></tr>
</table>

　しかし，このままだと資産に計上されている当座預金の残高が100円であるのに対し，上記の仕訳で貸方側に150円が計上されているので，当座預金が50円不足した状態となっています。これは実質的には借入であるため，預金残高の不足分の50円については決算時に借入金に振り替える仕訳を行います。

（借方）当座預金　50　（貸方）短期借入金　50

<table>
<tr><td>（資産）
当座預金　▲50円
商品　　　150円
×××</td><td>（負債）
×××</td></tr>
<tr><td></td><td>（純資産）
×××</td></tr>
</table>

<table>
<tr><td>（資産）
商品　150円
×××</td><td>（負債）
短期借入金　50円
×××</td></tr>
<tr><td></td><td>（純資産）
×××</td></tr>
</table>

減損処理回避の手段？！ ナンピン買いとは？

　株式市場で取引されているその他保有目的の株式についてその期末時価が著しく下落しており，その回復可能性が認められない場合には，将来売却した時に損失計上の可能性が高いことから，減損処理をすることが求められます。

　つまり，期末時価が帳簿価額の一定基準（例えば，50%以上の下落）を下回ると，損失を計上しなければならなくなるわけです。

　でも，株価が下落局面にあるときに，当該銘柄を追加購入した場合はどうなるでしょうか。

　以下のように，帳簿価額を下げることにより，帳簿価額に対する期末時価の下落率が緩和され，結果として減損処理を回避できる可能性があります。

　このように株式の追加取得によって，平均取得価格を下げる手法を一般的に「ナンピン（難平）買い」といいます。「難」は損失で，これを平（タイラ）にならすという意味です。

（「ナンピン買い」をしない場合）

4月1日　A社株式を100円で1株購入　　→平均取得価格100円

3月31日　A社株式の株価が40円　　→下落率60%なので
　　　　　　　　　　　　　　　　　　　　減損処理必要

（「ナンピン買い」をする場合）

4月1日　A社株式を100円で1株購入　　→平均取得価格100円

3月20日　A社株式を10円で1株追加購入　　→平均取得価格55円

```
3月31日　A社株式の株価が40円　　　→下落率27%なので
　　　　　　　　　　　　　　　　　　　減損処理不要
```

　この「ナンピン買い」について，企業側からしてみれば，合理的な経営判断のもと，追加取得したタイミングが「たまたま」市場価格が安かった場合，それだけをもって「ナンピン買い」といわれる筋合いはないのですが，見方によっては損失計上を逃れるために必要もない株式に追加投資をしたのではといった疑いを持たれることもあるかもしれません。

　「ナンピン買い」による減損処理の回避を禁止するような規定は現行の会計基準上，定められておりませんが，監査法人等の外部からあらぬ疑いをかけられるのを回避するためには，「ナンピン買い」を実施した経済合理性について，きちんと説明できる必要があるでしょう。

第 6 章 デリバティブ

金融資産
現金預金－第1章コラム
金銭債権－第3章
・受取手形
・売掛金
・貸付金など
有価証券－第4章
・株式
・公社債など
ゴルフ会員権－第8章

金融負債
金銭債務－第5章
・支払手形
・買掛金
・借入金
・社債など

デリバティブ取引
先物取引，オプション取引，スワップ取引－第6章
ヘッジ会計－第7章
複合金融商品－第8章

時価の算定－第2章

この章では，デリバティブの会計
処理について見ていくよ！
デリバティブには様々なものがあ
るから，まずは基本を理解しよう！

6−1 デリバティブとは
デリバティブの３つの特徴

☞ デリバティブの３つの特徴について説明します。

特徴①：何らかの基礎数値によって価値が変動し，想定元本が決まって
いる

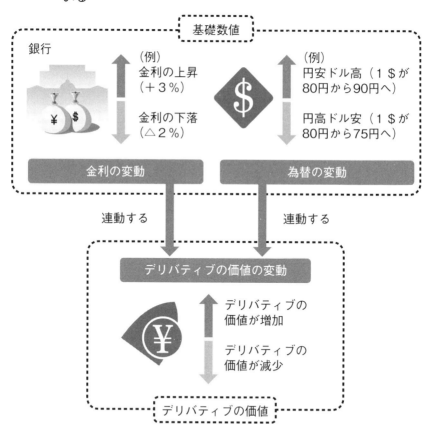

基礎数値の上昇または下落に伴い，デリバティブの価値が増減します。

■デリバティブの3つの特徴

「デリバティブ（Derivative）」とは，日本語で「金融派生商品」と訳されます。特徴は3つあり，これがそのままデリバティブの定義になります。

> 特徴①：何らかの基礎数値によって価値が変動し，想定元本が決まっている
> 特徴②：契約当初の投資額が不要，またはほとんどない
> 特徴③：純額（差金）決済が可能

以下でそれぞれの特徴について説明します。

■特徴①■　何らかの基礎数値によって価値が変動し，想定元本が決まっている

この特徴は前半と後半に分けられますので，2つに分けて説明します。

● 何らかの基礎数値によって価値が変動

デリバティブの価値の増減は，基礎数値の変化に連動します。これが，デリバティブが基礎数値から"派生"した金融商品といわれる所以です。

基礎数値には，金利や為替相場の他にも，株価，商品の価格，信用格付け等，様々なものがあります。なお，デリバティブの価値と基礎数値の相関関係は，正比例（基礎数値が上昇するとデリバティブの価値が増加する）だけでなく，反比例（基礎数値が上昇するとデリバティブの価値が減少する）の場合もあります。

● 想定元本が決まっている

デリバティブ取引では多くの場合，元本の交換はありませんが，決済金額の算定のために元本の額が決まっている必要があります。この元本の額が想定元本です。例えば，金利スワップ取引で変動金利と固定金利を交換する場合，交換される利息の額を算定するために，利息計算の基礎となる想定元本が決まっている必要があります。

106

■特徴②■　契約当初の投資額が不要，またはほとんどない

デリバティブの契約時

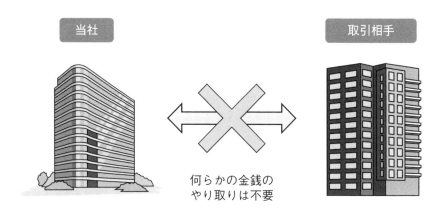

当社　　　　　　　　　　　　取引相手

何らかの金銭の
やり取りは不要

　デリバティブの契約締結時の時価は基本的にゼロであり，通常，契約当初の投資額は不要です。すなわち，契約をした段階では，当社と取引相手との間では金銭の受払いは発生しません。

　例外としては，オプション取引では，契約締結時にオプション料の受払いが発生します（6－5参照）。ただし，オプション取引の対象物そのものを売買した場合の受払い額に比べて，オプション料は非常に少額です。

> **Keyword**

純額決済
　「差金決済」ともいわれます。現物の受渡しをせずに，買付代金と売却代金の差額のみを授受することで決済を行うことです。

■特徴③■　純額（差金）決済が可能

例：金利スワップ取引で100円を受け取り80円を支払う場合

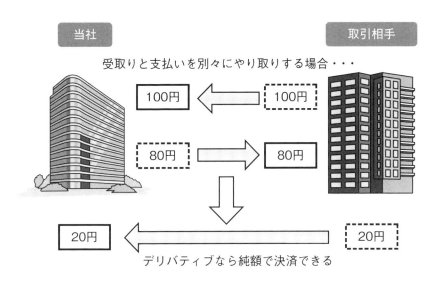

受取りと支払いを別々にやり取りする場合・・・

当社　取引相手

100円　←　100円

80円　→　80円

20円　←　20円

デリバティブなら純額で決済できる

　デリバティブの契約において純額決済が要求または容認されており，実質的にも純額決済が容易に行える必要があります。

　例えば，当社が変動金利を受け取り，取引相手へ固定金利を支払う金利スワップ取引を締結した場合，変動金利の利息と固定金利の利息をそれぞれ授受するのではなく，受け取る変動金利の利息と支払う固定金利の利息を相殺した額（差額）のみを授受します。

　具体的な数値例を用いると，当社が受け取る変動金利の利息が100円で，支払う固定金利の利息が80円の場合，わざわざ100円を受け取って80円を支払うのではなく，差額の20円を当社が受け取るだけで決済が完了します。

6-2 デリバティブの目的
リスクヘッジ目的とトレーディング目的

 デリバティブを行う目的は，①リスクのヘッジ（回避），②トレーディング（投機）の2つがあります。

目的①：リスクのヘッジ（回避）

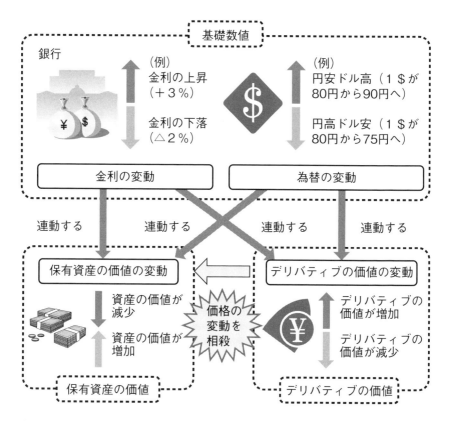

基礎数値の上昇（下落）により，保有する資産の価値は下落（上昇）したのに対し，デリバティブの価値は上昇（下落）しています。保有資産とデリバティブの価値の変動方向が反対であり，相殺されています。

■デリバティブの目的■

デリバティブを利用する主な目的としては，①リスクのヘッジ（回避）と，②トレーディング（投機）の2つがあります。

■リスクのヘッジ（回避）とは■

ヘッジとは，市況等によって基礎数値が変動することにより，会社の意図とは関係なく経済的な影響を受けるリスクを低減させることです。基礎数値の変動は自分ではコントロールできませんが，これにより会社の業績を左右されないようにするためにヘッジが行われます。

例えば，自己の保有する資産の価値が基礎数値の変動に伴って変動する場合，この価値の変動とは反対方向に価値が変動するデリバティブを利用することで，価値の変動を相殺します。これによって，価値の変動というリスクをヘッジ（回避）することができます。これについては7－1で別途説明します。

■ヘッジの具体例■

支払利息の額が市場金利に連動する借入金の場合，市場金利が上がれば支払利息が増えてしまいます（支払利息が変動するリスク）。このリスクをヘッジするために，「変動金利を受け取り固定金利を支払う金利スワップ」を行います。これにより，借入の支払利息（変動金利）と金利スワップの受取利息（変動金利）が相殺され，金利スワップの支払利息（固定金利）のみが残るため，支払利息の額は固定化されます。

これにより，市場金利がいくら上昇しても，支払利息の額は変わりません（市場金利の変動の影響を受けません）。ただし，市場金利が下がった場合には，変動金利であれば支払利息の額が少なく済むところ，固定金利による支払利息を支払わなければならないため，支払利息を多く払ってしまうことになります。

目的②：トレーディング（投機）

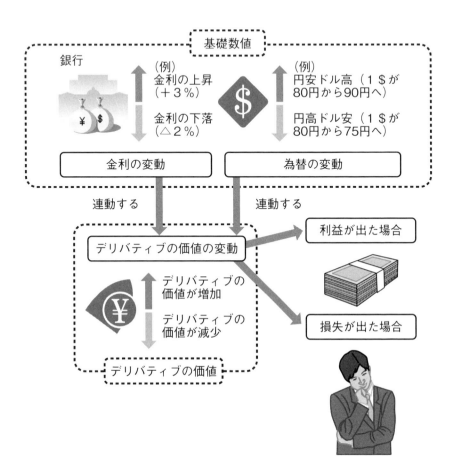

■トレーディング（投機）とは■

　トレーディング（投機）とは，金利・為替相場・株式相場・商品相場
等の変動を予測して，利益を得るために行う取引のことです。

　具体的には，将来の相場変動を予想し，これに関連したデリバティブ
を利用することで，予想が当たった場合はデリバティブの価値が増加し
利益を得ることができます。一方，予想が外れた場合はデリバティブの
価値が減少し損失を被ることになります。

　なお，トレーディングを行う場合は，通常，レバレッジを掛けること
によって自己資金を大幅に超える取引が行われるため，相応のリスクを
負うことになります。

■トレーディングの具体例■

　デリバティブ取引はリスクのヘッジだけでなく，トレーディングにも
利用することができます。

　例えば，前ページのヘッジの具体例を用いると，借入を行っていなく
とも，将来の市場金利が上昇すると予想するのであれば，金利スワップ
（変動金利を受け取り，固定金利を支払う）を行います。予想通り市場
金利が上昇すれば，受け取る変動金利が増加するので利益が出ます。

　一方，予想に反して市場金利が下落すれば，受け取る変動金利が減少
するので損失が発生します。

> **Keyword**
>
> レバレッジ
>
> 　レバレッジとは，日本語で「てこ」のことです。小さい力で重いものを持ち上
> げる「てこの原理」のように，少額の自己資金で多額の取引を行うことを意味し
> ます。レバレッジによる取引の例としては，デリバティブ以外にも，借入により
> 資金を賄う方法等があります。

6-3 デリバティブの種類①
先物取引

 デリバティブの種類には大きく分けて，①先物，②スワップ，③オプションの3つがあります。まず先物取引について説明します。

【先物取引：3カ月後に1$を80円で購入する場合】

①契約時（取引開始）

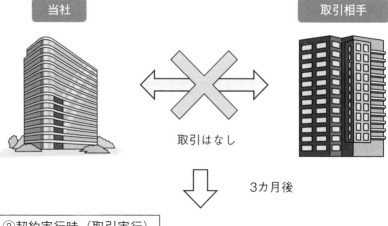

3カ月後

②契約実行時（取引実行）

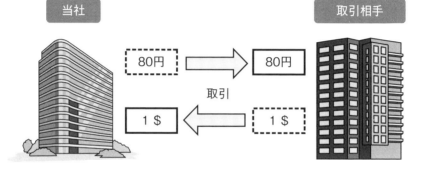

■デリバティブの種類■

デリバティブの種類には大きく分けて，①先物，②スワップ，③オプションの3つがあります。これ以外に複雑な内容のデリバティブもありますが，基本的にはこの3つを様々な形で組み合わせたものです。以下ではこの3つのデリバティブについて，それぞれ内容を見ていきます。

■先物取引とは■

先物取引とは，将来のある時点における取引の価格を契約時に決める取引です。もう少し簡単にいうと，価格が変動している物品について，将来の取引価格を"今"決めてしまう取引です。

先物取引を行うことで，将来に取引を予定している物品の取引価格を契約時に確定させ，価格変動リスクを回避することができます。

■先物取引の具体例■

以下では先物取引の具体的な例として，3カ月後に1＄を80円で購入する先物為替取引を見ていきます。

① 契約時（取引開始）

3カ月後に1＄を80円で購入する先物取引の契約を締結した時点では，契約を締結しただけであり，取引は何ら行われません。なお，この1＄＝80円という価格は，契約時の為替相場を参考に決められます（例えば，契約時の為替相場は1＄＝80円だったとします）。

② 契約実行時（取引実行）

契約時から3カ月後に，予定していた取引が実行されます。すなわち，当社は1＄を80円で購入します。契約実行時の為替レートがいくらであっても（1＄が80円より高くても低くても），当社は1＄を80円で購入できます。これにより，将来のドル相場の変動を回避し，円貨建で確定した取引を行うことができます。

6-4 デリバティブの種類②
スワップ取引

☞ 次にスワップ取引について説明します。

【スワップ取引：80円と1＄を3カ月間交換する場合】

①契約時（取引開始）

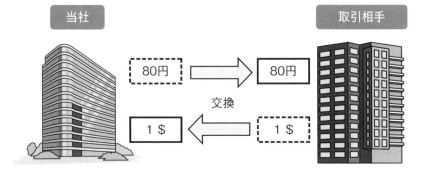

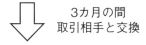

3カ月の間
取引相手と交換

②契約実行時（取引実行）

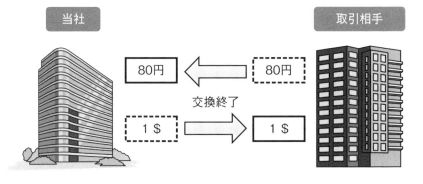

■スワップ取引とは■

　スワップ取引とは，契約時に予め決められた条件に基づいて，金利・通貨等の対象物を一定期間にわたって交換する取引です。

　「スワップ（Swap）」とは，日本語に訳すと「交換」という意味です。スワップ取引とはその名のとおり，当社と取引相手との間で金利や為替等の対象物を交換する取引です。主なスワップ取引としては金利スワップ取引や通貨スワップ取引があります。スワップ取引を行うことで，一定期間だけ，金利を変動から固定へ，または固定から変動へ変えたり，円貨を異なる通貨（外貨）へ変えたりすることができます。

■スワップ取引の具体例■

　先物取引との対比でスワップ取引の具体例を見ていきましょう。契約内容は，80円と1＄を3カ月間交換するという為替スワップ取引です。

①　契約時（取引開始）

　80円と1＄を3カ月間交換するスワップ取引の契約を締結した時点で，当社は80円を取引相手に渡し，取引相手から1＄を受け取ります（80円と1＄を交換）。そして，3カ月間は，当社はこの1＄を自由に使うことができます（例えばドル建の有価証券を購入することによる資金運用）。

②　契約終了時（取引終了）

　3カ月後に交換が終了します。よって，当社は1＄を取引相手に返還し，取引相手から80円を返還してもらいます。

▮ **One more**

金利スワップ

　例えば，変動金利の借入を行った場合，支払利息を固定化するために金利スワップを締結します。これにより受け取る変動利息は借入金の（変動）支払利息と相殺され，固定の支払利息だけが残ります。

6-5 デリバティブの種類③
オプション取引

☞ 最後にオプション取引について説明します。

【1＄を80円で購入できるオプション権を購入した場合】

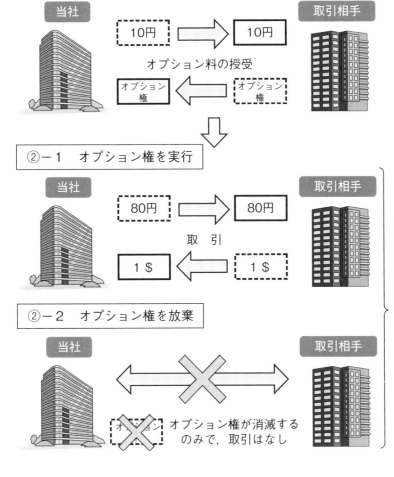

①契約時（取引開始）

当社　　10円 ⇒ 10円　　取引相手

オプション料の授受

オプション権 ⇐ オプション権

②-1　オプション権を実行

当社　　80円 ⇒ 80円　　取引相手

取　引

1＄ ⇐ 1＄

②-2　オプション権を放棄

当社　　　　×　　　　取引相手

オプション オプション権が消滅する
のみで，取引はなし

オプション権を実行するか否かは当社が選択できる

■オプション取引とは■

　オプション取引とは，契約時に予め決められた条件（価格，取引の時期等）に基づいて，対象物を取引できる権利（オプション権）を売買するものです。オプション権は権利であって義務ではないので，必ずしも権利を行使する必要はありません。対象物の価格が自分に都合が良い場合にだけ権利を行使すればいいのです。なお，通常，オプション権を取得するための料金として「オプション料」の支払いが必要になりますが，対象物そのものを取引した場合の額に比べて，オプション料は非常に少額です。

■オプション取引の具体例■

　こちらも同様に，先物取引との対比でオプション取引の具体例を見ていきます。契約内容は，1＄を80円で購入することができる権利を当社が購入した場合です（契約時の為替相場は1＄＝80円だったとします）。
① 契約時（取引開始）
　当社はオプション権を購入するために，取引相手に対して10円のオプション料を支払います。
②－1　オプション権を行使
　1＄の為替相場が80円よりも高かった場合（例えば，1＄＝85円），当社はオプション権を行使し1＄を80円で購入します。市場から1＄を購入すると85円が必要ですので，オプション権を行使するほうが5円得になります。
②－2　オプション権を放棄
　1＄の為替相場が80円よりも低かった場合（例えば，1＄＝70円），当社はオプション権を行使すると1＄を購入するために80円が必要です。これでは10円損しますので，オプション権は放棄し，取引は行いません。

6-6 デリバティブの期中会計処理①
先物取引

 デリバティブの会計処理は，①期中の取引，②期末の時価評価，の2つに分けられます。①期中の取引はさらに，i）契約時（取引開始），ii）期中（期中取引），iii）決済時（取引終了）の3つに分けられます。

【3カ月後に1＄を80円で購入する先物為替取引の場合】

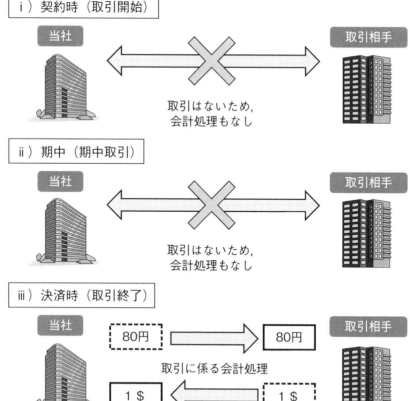

■デリバティブの期中会計処理について■

　ここからは会計処理の内容に入っていきます。まずは期中の取引に係る会計処理です。期中の取引は，i) 契約時（取引開始），ii) 期中（期中取引），iii) 決済時（取引終了）の３つに分けられます。この６−６では，６−３から６−５で説明したデリバティブの種類ごとに，それぞれの会計処理を見ていきます。

　まずは先物取引です。６−３の先物為替取引を例に，具体的な会計処理について説明します。

■契約時（取引開始）の会計処理■

　契約時は，当社は３カ月後に取引相手から１＄を80円で購入するという内容の契約を締結します。ですが，この時点では契約を締結したのみであり，当社と取引相手との間では取引は行われません。このため，仕訳は不要となります。

■期中（期中取引）の会計処理■

　取引を実行するまでの３カ月間は，当社と取引相手の間では取引は行われません。このため，ここでも仕訳は不要です。

■決済時（取引終了）の会計処理■

　３カ月後の決済時においては，当社は80円を取引相手に渡し，取引相手から１＄を受け取ります。よって，仕訳は以下のようになります。

| （借方）現　金　預　金 | １＄ | （貸方）現　金　預　金 | 80円 |

　なお，借方の１＄は円に換算替えする必要があります。この時点の為替相場が１＄＝75円であれば，仕訳は以下のようになります。

| （借方）現　金　預　金 | 75円 | （貸方）現　金　預　金 | 80円 |
| （借方）為　替　差　損 | 5円 | | （１＄） |

6－7 デリバティブの期中会計処理②
スワップ取引

☞ 次にスワップ取引について見ていきます。

【80円と1＄を3カ月間交換する為替スワップ取引の場合】

i）契約時（取引開始）

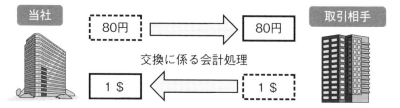

ii）期中（期中取引）

iii）決済時（取引終了）

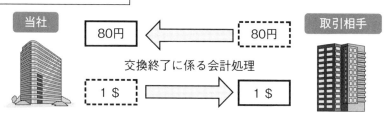

■スワップ取引の期中の会計処理について■

　次はスワップ取引です。6－4の為替スワップ取引を例に，具体的な会計処理を見ていきます。

■契約時（取引開始）の会計処理■

　契約時は，当社と取引相手との間で交換取引が行われます。この時点の為替相場が1＄＝80円であれば，仕訳は以下のようになります。

（借方）現　金　預　金	1＄	（貸方）現　金　預　金	80円
	（80円）		

■期中（期中取引）の会計処理■

　為替を交換している間は，当社と取引相手の間では取引は行われません。このため，仕訳は不要です。

■決済時（取引終了）の会計処理■

　3カ月後の取引終了時は，当社は1＄を調達して（決済時の為替相場は，1＄＝75円とする）取引相手に渡し，取引相手から80円を受け取ります。このとき，仕訳は以下のようになります。

（借方）現　金　預　金	1＄	（貸方）現　金　預　金	75円
	（75円）		
（借方）現　金　預　金	80円	（貸方）現　金　預　金	1＄
			（75円）
		為　替　差　益	5円

▌**One more** ▶

金利スワップのii）期中取引（取引中）

　金利スワップの場合，i）契約時とiii）決済時は取引は行われないため仕訳は不要です。ii）期中では金利の交換に関する仕訳が必要となります。

6−8 デリバティブの期中会計処理③
オプション取引

☞ 最後にオプション取引について見ていきます。

【1＄を80円で購入できる先物為替予約のオプション取引の場合】

ⅰ）契約時（取引開始）

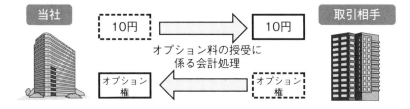

ⅱ）期中（期中取引）

ⅲ）決済時（取引終了）：オプション権を実行

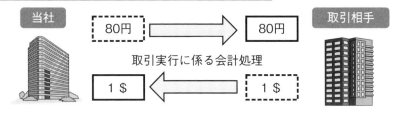

■オプション取引の期中の会計処理について■

　6-5の為替オプションを例に，具体的な会計処理を見ていきます。

■契約時（取引開始）の会計処理■

　契約時は，当社はオプション料として10円を取引相手に渡し，取引相手からオプション権を受け取ります。

| （借方）オプション権 | 10 | （貸方）現　金　預　金 | 10 |

■期中（期中取引）の会計処理■

　オプション権を実行または放棄しない間は，当社と取引相手の間では取引は行われません。このため，仕訳は不要です。

■決済時（取引終了）の会計処理：オプション権を実行■

　当社がオプション権を行使した場合，当社は80円を取引相手に渡し，取引相手から1＄を受け取ります。なお，円換算については先ほどと同様です。また，オプション権の消滅の仕訳を計上します。

| （借方）現　金　預　金 | 1＄ | （貸方）現　金　預　金 | 80 |
| （借方）オプション権消滅損 | 10 | （貸方）オプション権 | 10 |

■決済時（取引終了）の会計処理：オプション権を放棄■

　オプション権を実行せずに放棄した場合，当社と取引相手との間では取引は行われません。ただし，当社が持っているオプション権が消滅するため，以下の仕訳が必要になります。

| （借方）オプション権放棄損 | 10 | （貸方）オプション権 | 10 |

6−9 デリバティブの期末会計処理
期末の時価評価

 期末にデリバティブ取引が存在する場合，当該デリバティブ取引を時価評価する必要があります。

【時系列に見たデリバティブの会計処理】

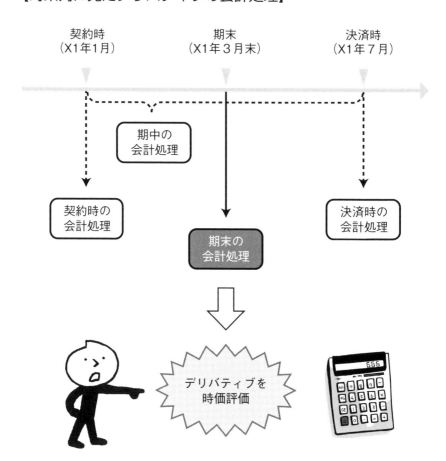

■デリバティブの期末会計処理について■

　次に，期末におけるデリバティブ取引の会計処理です。期中で会計処理を行うのは，6－1で説明したとおり，何らかの取引が発生した場合のみです。これに対し，期末においては，デリバティブ取引が存在していれば会計処理が必ず必要になります。というのは，デリバティブを契約してから期末までの間に，基礎数値が変動することでデリバティブの価値も変動しているため（6－1特徴①参照），変動額を会計上で認識する必要があるためです。具体的には，期末に存在するデリバティブ取引を時価評価します。

　期中ではデリバティブの種類により会計処理に違いがありましたが，期末ではどのデリバティブも同じように時価評価の仕訳が必要になります。

■デリバティブの時価評価の会計処理■

　例えばデリバティブの時価が，契約時は0円，期末は100円だった場合，期末の仕訳は以下のようになります。

（借方）デリバティブ 　　　　資　　産	100	（貸方）デリバティブ 　　　　評　価　益	100

　仕訳の説明をすると，仮に期末時点でこのデリバティブを売却すれば100円で売れることから，当社にとっては100円の資産が増えたことになります。よって，借方は，B/Sに「デリバティブ資産」として100円を計上します。貸方については，デリバティブを時価評価したことによる評価益としてP/Lに「デリバティブ評価益」を100円計上します。

6−10 デリバティブの時価
時価が変動する理由

👉 基礎数値の変動によって，デリバティブの時価はプラスにもマイナスにもなります。

【基礎数値の変動に伴うデリバティブの時価の変動状況】

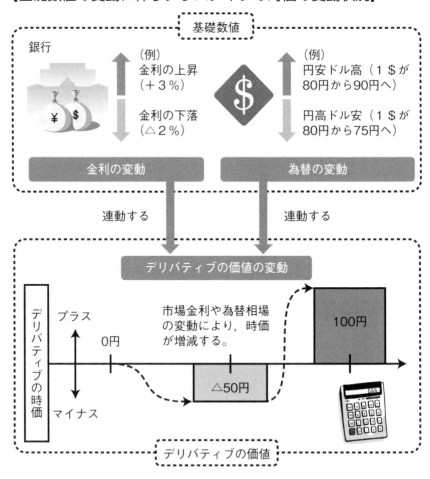

基礎数値

銀行

（例）
金利の上昇
（＋3％）

金利の下落
（△2％）

金利の変動

（例）
円安ドル高（1＄が
80円から90円へ）

円高ドル安（1＄が
80円から75円へ）

為替の変動

連動する　　　　　　　　連動する

デリバティブの価値の変動

デリバティブの時価

プラス

0円

市場金利や為替相場
の変動により，時価
が増減する。

100円

△50円

マイナス

デリバティブの価値

■デリバティブの時価について■

　6－1で，デリバティブは何らかの基礎数値によって，価値すなわち時価が変動することを説明しました。ここではさらに突っ込んで，デリバティブの時価がどうして変動するのか，また，会計処理はどのようになるのかを，金利スワップの例を用いて説明します。

■デリバティブの時価の変動理由および会計処理■

　例えば，市場金利が4％の場合において，受取利息が「市場金利＋1％」で変動し，支払利息が「5％」で固定されている金利スワップを締結したとします。契約時点では受取利息と支払利息が共に5％のため，時価はゼロになります。

　その後，仮に市場金利が3％に下落した場合（当初の4％から△1％），受取利息は4％（3％＋1％）に減る一方，支払利息は5％のままです。よって，受取利息よりも支払利息が多くなることから，この金利スワップの価値はマイナスになってしまいます。ここで，金利スワップの時価が△50円だとした場合，仕訳は以下のようになります。

（借方）デリバティブ評価損	50	（貸方）デリバティブ負債	50

　さらに，その後，今度は市場金利が6％に上昇した場合（当初の4％から＋2％），受取利息は7％（6％＋1％）に増える一方，支払利息は5％のままです。よって，受取利息が支払利息よりも多くなることから，この金利スワップの価値はプラスになります。ここで金利スワップの時価が＋100円だとした場合，仕訳は以下のようになります。

（借方）デリバティブ資産	100	（貸方）デリバティブ評価益	100

　このように，基礎数値の変動によって，デリバティブの価値はプラスにもマイナスにもなります。

One more

デリバティブの時価の求め方と構成要素

金利通貨スワップを例にして，一般的なデリバティブにおける時価の構成要素を考えてみましょう。

（金利通貨スワップの時価の内訳）

金利通貨スワップの時価 （100円）	2つの構成要素に分解できる	金利部分 （40円） 為替部分 （60円）

（参考①：金利スワップの時価の内訳）

金利スワップの時価 （40円）	為替部分はなく，金利部分のみ	金利部分 （40円）

（参考②：通貨（為替）スワップの時価の内訳）

通貨（為替） スワップの時価 （60円）	金利部分はなく，為替部分のみ	為替部分 （60円）

■デリバティブの時価の求め方■

　6−10ではデリバティブの時価が変動する理由を説明しました。では，その時価はどうやって求めるのでしょうか。実際には，デリバティブの時価を自ら算定するのは困難であるため，実務的には次の方法が採られます。

　まず，当該デリバティブが市場等で取引されており，成立している価格があれば，これを時価（市場価格）として使用します。一方，このような市場価格がない場合は，取引相手の金融機関，ブローカー，情報ベンダーなどの第三者から入手した相場価格を用いて，時価を算定するのが一般的です。

■デリバティブの時価の構成要素■

　デリバティブの時価は，実務的には外部から入手した相場価格を用いて算定するのが一般的であるものの，その内容を理解することは有用であるため，ここでは金利通貨スワップ（金利スワップと通貨（為替）スワップが合体したもの）を例にとって，デリバティブの時価の構成要素を説明します。

　金利通貨スワップの時価は，①金利部分と②為替部分の2つに分けられます。時価の構成要素は他にも様々なものがありますが，この2つが主要なものとなります。

① 　金利部分

　デリバティブ契約時における将来の予測金利（「イールドカーブ」と呼ばれます）と，期末における将来の予測金利との差により算定されます。このため，金額は市場金利の変動の影響を受けます。

② 　為替部分

　デリバティブ契約時における将来の為替相場（先物為替レート）と，期末における将来の為替相場との差により算定されます。このため，金額は為替相場の変動の影響を受けます。

自社が発行した社債を買い取ると もうかる場合がある？

社債は，社債の発行者側では償却原価法により評価額が決まります。一方，社債を公募で発行する場合，その社債には市場における時価が存在します。この発行者側の評価額と，取引所における時価は，通常は異なる金額になります。

つまり，社債の発行者と，社債の取得者（投資家）では，同じ社債を異なる金額で評価していることになります。

例えば，発行者の財務状態が悪化した場合，取得者（投資家）は，「社債の額面を返してもらえないかもしれない」という不安を抱きます。この不安が，市場における時価の低下という結果につながります。

　この場合に，発行者が市場から社債を買い取ると，6,000円の支払で9,500円の負債を返済できるわけですから，会計上3,500円の利益を計上する，つまり自社が発行した社債を買い取ることでもうかってしまうのです。

（借方）社　　　債	9,500	（貸方）現 金 預 金	6,000
		社債償還益	3,500

　海外の会計基準（IFRS等）には，「負債を時価評価すべき」という考え方があります。
　上述のように，負債が市場で安く評価されている場合にはその負債を買い取ってしまえば利益になるからです。ただし，この考え方は，発行者の財務状態が悪化して信用力が下がれば下がるほど，負債の評価益が発生して利益が多額に計上されるということで，不合理だという反対意見もあります。

信用力が低下したのに
利益が出てしまう
場合があるのだね。

第 **7** 章 ヘッジ会計

金融資産
現金預金ー第1章コラム
金銭債権ー第3章
・受取手形
・売掛金
・貸付金など
有価証券ー第4章
・株式
・公社債など
ゴルフ会員権ー第8章

金融負債
金銭債務ー第5章
・支払手形
・買掛金
・借入金
・社債など

デリバティブ取引
先物取引，オプション取引，スワップ取引ー第6章
ヘッジ会計ー第7章
複合金融商品ー第8章

時価の算定ー第2章

この章では，リスクを回避する目的
で行うヘッジ取引の会計処理につい
て見ていくよ！

7－1 ヘッジ会計とは
リスクのヘッジを目的とした会計処理

 ヘッジ会計とは，リスクを回避する目的でデリバティブを行っている場合において，期末にデリバティブを時価評価した際に発生した評価損益をP/Lに反映させないための特殊な会計処理方法です。

【ヘッジ会計を採用した場合としない場合の期末の会計処理】

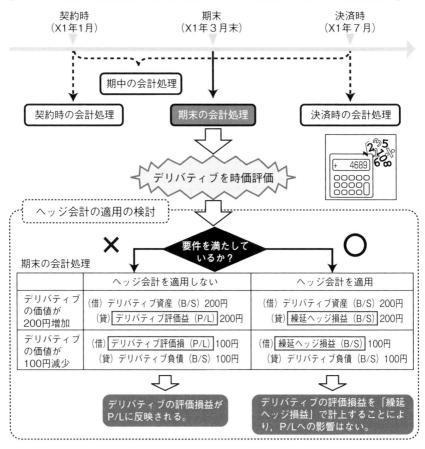

■ヘッジ会計とは■

　ヘッジ会計とは，６－２で説明した「リスクのヘッジ（回避）」目的で行っているデリバティブ取引について，ヘッジ手段（デリバティブ）に係る損益とヘッジ対象（変動金利の借入金や外貨建の債権債務）に係る損益を同一の会計期間に認識することで，ヘッジの効果を会計に反映させるための特殊な会計処理です。

■なぜヘッジ会計を行うのか■

　ヘッジ目的でデリバティブを締結したならば，会計上はヘッジの効果（変動金利の固定化や為替レートの確定）のみが反映されれば良いことになります。しかし，６－９で説明したように，デリバティブは期末に時価評価する必要があります。このため，ヘッジ会計を適用することで，時価評価により発生したデリバティブの評価損益を当期の損益に反映させないようにします。

■ヘッジ会計の具体例■

　ここでは，ヘッジ対象が「変動金利の借入金」，ヘッジ手段が「変動金利を受け取り固定金利を支払う金利スワップ」の会計処理を見ていきます。

　まずはヘッジ会計を適用しない場合です（マトリックス左側の仕訳）。期末においては，借入金は特段の処理は不要ですが，金利スワップは時価評価されます。この評価損益は「デリバティブ評価損益」としてP/Lに計上されるため，損益に影響します。

　一方，ヘッジ会計を適用した場合（同右側の仕訳），金利スワップの評価損益は，B/S科目である「繰延ヘッジ損益」に計上されるため，P/Lへの影響はありません。このように，ヘッジ会計ではデリバティブの時価評価による影響を損益に反映させないようにしています。

7-2 ヘッジ会計の種類①
原則的処理と特例処理

ヘッジ会計には，①原則的処理と，②特例処理の2つがあります。どちらも会計上の効果は同じですが，特例処理のほうが簡便な会計処理になります。

【ヘッジ会計の適用の判定過程】

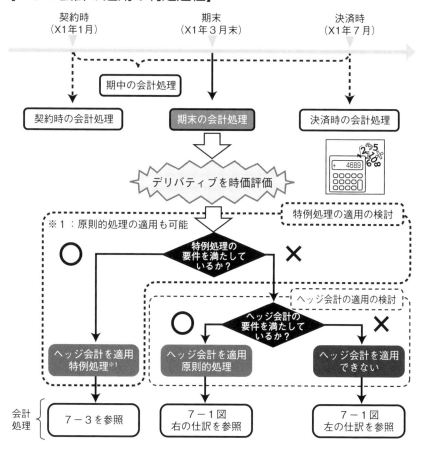

■原則的処理と特例処理■

　ここからはヘッジ会計の会計処理を見ていきます。ヘッジ会計には，①原則的処理と，②特例処理の2つがあります。どちらも，時価評価により発生したデリバティブの評価損益を当期の損益に反映させないという会計上の効果は同じですが，特例処理のほうが簡便な会計処理です。まずは，①原則的処理を説明します。

■ヘッジ会計の原則的処理■

　ヘッジ会計の原則的処理は「繰延ヘッジ」と呼ばれます。繰延ヘッジとは，時価評価されているヘッジ手段（デリバティブ）に係る損益を，ヘッジ対象に係る損益が認識されるまで純資産の部で繰り延べる方法です。

　繰延ヘッジの具体的な会計処理は7－1の図の右の仕訳のとおりです。ヘッジ手段であるデリバティブを時価評価したことにより発生した評価損益に対して繰延ヘッジを適用した場合，評価損益はB/S科目である「繰延ヘッジ損益」として純資産の部に計上されます。

■ヘッジ会計の適用の判定過程■

　特例処理の内容は次ページで説明しますが，特例処理は簡便な会計処理が認められる一方，原則的処理よりもより厳しい要件を満たす必要があります。

　特例処理も原則的処理も，その適用要件の趣旨は，ヘッジ対象とヘッジ手段の相関関係が高いことを要求しています。なお，特例処理の要件は原則的処理の要件よりも厳しいため，特例処理の要件を満たしている場合は，原則的処理を適用することも可能です。

7-3 ヘッジ会計の種類②

特例処理の要件は厳格

 ヘッジ会計の特例処理は，デリバティブの時価評価を省略することができますが，原則的処理よりも厳しい要件を満たす必要があります。

【金利スワップの特例処理を適用した場合】

借入金と金利スワップを締結

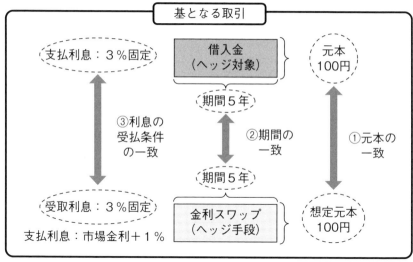

 金利スワップの特例処理を適用

借入金と金利スワップを合算して実質的に１つの取引とみなします

■ヘッジ会計の特例処理■

　特例処理と原則的処理の会計上の効果は同じですが，ヘッジ対象と
ヘッジ手段の相関関係が特に高い場合，より簡便な会計処理である特例
処理を適用できます。なお，特例処理には様々な種類がありますが，実
務的には「金利スワップの特例処理」を理解しておけば大丈夫です。

■金利スワップの特例処理の会計処理■

　金利スワップの特例処理を適用した場合，金利スワップは時価評価せ
ず，金利スワップの受払利息の純額を借入金の利息に加減するのみです。
　金利スワップは期末に時価評価されますが，金利スワップの特例処理
を適用した場合，この時価評価を省略することができます。これは，金
利スワップと借入金の相関関係が非常に高いため，両者を合算して実質
的に１つの取引とみなしているためです。

■金利スワップの特例処理の要件■

　主に以下の要件をすべて満たす必要があります。
１．金利スワップの想定元本と借入金の元本がほぼ一致していること
２．金利スワップと借入金の契約期間および満期がほぼ一致しているこ
　　と
３．金利スワップと借入金の利息の受払条件がほぼ一致していること
　例えば，元本100円，期間５年，利息が３％固定の借入金を行うのと
同時に，想定元本100円，期間５年，受取利息が３％固定，支払利息が
市場金利＋１％と変動する金利スワップを締結します。
　この場合，実質的には元本100円，期間５年，支払利息が市場金利＋
１％の借入金を行っている状況と同じになります。このため，金利ス
ワップの特例処理を適用すれば，両者を合算した当該実質的な借入金を
行ったとみなして会計処理することができます。

7−4 ヘッジ会計の適用要件
事前テストと事後テスト

 ヘッジ会計を適用するための要件には，①事前要件・事前テストと，②事後テストがあり，どちらの要件も満たす必要があります。

取引開始前	**事前要件** ヘッジ取引が企業のリスク管理方針に従ったものであることが，客観的に認められること	**事前テスト** 以下の事項を文書化 ①ヘッジ指定 ②ヘッジ有効性の評価方法

事後テスト

【ヘッジ有効性の評価】
　ヘッジ対象とヘッジ手段の相関関係が高いことを事後的に毎期検証

ヘッジ対象の変動累計とヘッジ手段の変動累計を比較し，両者の変動額の比率が80％〜125％の範囲にあればOK

「期首」からの変動ではなく，「ヘッジ開始時点」からの変動だよ!!

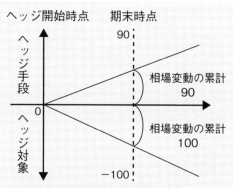

ヘッジ手段の変動90÷ヘッジ対象の変動100＝90％
80％〜125％の範囲内だからヘッジは有効

（取引開始後）

■ヘッジ会計を適用するための要件とは■

　ヘッジ会計を適用するためには，①事前要件・事前テストと，②事後テストの2つの要件を満たす必要があります。

　事前要件・事前テストはヘッジ取引を開始する前に満たす必要があり，事後テストはヘッジ取引を開始した後に満たす必要があります。

■事前要件・事前テスト■

　事前要件では，ヘッジ取引が会社のリスク管理方針に従ったものであることが，文書や内部規程・内部統制組織の存在により，客観的に認められる必要があります。内部統制組織とは，ヘッジを目的としたデリバティブ取引を実行する部門とは独立した，リスク状況をモニタリングしているようなリスク管理部門のことをいいます。

　また，事前テストでは，以下の事項を正式な文書により明確にします。

　①　ヘッジ指定：ヘッジ手段とヘッジ対象を明確にする
　②　ヘッジ有効性の評価方法：事後テストで実施する評価方法を定める

■事後テスト■

　ヘッジ会計を適用した後は，ヘッジ有効性の評価として，指定したヘッジ関係が高い有効性を継続して保っていることを，事後テストにより確認する必要があります。

　具体的には，ヘッジ会計の適用時点から毎期末時点までの期間において，ヘッジ対象の相場またはキャッシュ・フローの変動の累計と，ヘッジ手段の相場またはキャッシュ・フローの変動の累計とを比較し，両者の変動の比率が概ね80%〜125%の範囲内にあれば，ヘッジ関係が高い有効性を継続していると認められます。

142

ヘッジ会計の適用条件に注意！！

　第7章で説明したように，ヘッジ会計を適用するには，一定の文書を整えたうえで，ヘッジが有効に機能していることをモニタリングすることが求められています。

　企業がどのようなリスクを認識し，ヘッジ行動を行うのかは，経営者の主観が介入するため，適切なリスク管理方針と手続の構築が必要とされているためです。

　例えば，同じ種類の取引であっても，それがヘッジ目的である場合とそうでない場合が存在することが考えられ，これは文書によって明確にされなければなりません（これを，ヘッジ指定といいます）。

　これができていないと，決算の直前になって，ヘッジ会計の適用が認められない，またはヘッジ会計の適用が中止となる旨の指摘を受けてしまう可能性があります。

　急に慌てることのないよう，しっかりと準備をしておく必要があります！！

例）リスク管理方針の要記載事項
- 管理の対象とするリスクの種類と内容
- ヘッジ方針
- ヘッジ手段の有効性の検証方法等のリスク管理の基本的な枠組み

第 **8** 章 その他の金融商品

金融資産	金融負債
現金預金ー第1章コラム 金銭債権ー第3章 ・受取手形 ・売掛金 ・貸付金など 有価証券ー第4章 ・株式 ・公社債など ゴルフ会員権ー第8章	金銭債務ー第5章 ・支払手形 ・買掛金 ・借入金 ・社債など

デリバティブ取引
先物取引，オプション取引，スワップ取引ー第6章
ヘッジ会計ー第7章
複合金融商品ー第8章

時価の算定ー第2章

この章では，複合金融商品と
ゴルフ会員権の会計処理につ
いて見ていくよ。

8-1 複合金融商品とは
複数の金融商品から構成される複合金融商品

 複合金融商品とは，複数の金融商品から構成されている金融商品です。

【複合金融商品の例】

複合金融商品	構成する金融商品①	構成する金融商品②
新株予約権付社債	社債	新株予約権
転換社債型新株予約権付社債	社債	転換社債型新株予約権
通貨オプション付預金	預金	通貨オプション

【通貨オプション付円定期預金の場合】

100万円を銀行に預け入れて，通常よりも高い金利を受け取る。

3年後，円相場が1ドル100円よりも……

①円安か1ドル100円の場合，100万円を円で受け取る。

②円高の場合，100万円を1ドル100円で換算した1万ドルをドルで受け取る。

当社は通常よりも高い金利を得る代わりに満期に元本割れとなるリスクを負う。

約定時

 100万円の預入れ
当社　　　　　　　　　　銀行

満期日①：3年後に1ドル110円(円安)になった場合

 100万円の払戻し
当社　　　　　　　　　　銀行

満期日②：3年後に1ドル90円(円高)になった場合

 1万ドルの払戻し
当社　　　　　　　　　　銀行

円換算すると，1万ドル×90円＝90万円で元本割れ
銀行は1万ドルを90万円で調達し払い戻せばよい

銀行は通常よりも高い金利を支払う代わりに円高になれば利益を得ることができる。

■複合金融商品とは■

　複合金融商品とは複数の金融商品から構成されている金融商品です。もとになる金融商品と関連するデリバティブ金融商品が組み合わさっているものがよく見られ，例えば，新株予約権と社債が複合して構成されている新株予約権付社債や通貨オプション付預金などがあります。

　複合金融商品の会計処理は，複合金融商品を構成する個別の金融商品に分解できる場合は区分して会計処理し，区分が困難な場合一体として会計処理することになります。

■通貨オプション付預金の説明■

　左の例の通貨オプション付円定期預金は，当社は100万円の預金を設定し，通常より高い金利を得ることのできる代わりに，満期日に為替レートが契約レートより円高になった場合に元本はドルで払い戻されるというものです。当初為替レートより円高であれば満期日に元本割れとなるリスクを負っています。

　このように組込デリバティブのリスクが現物の金融資産に及ぶ可能性があるような場合は，現物資産（預金）と組込デリバティブ（通貨オプション）は区分して会計処理します。

　なお，銀行側からみると，円安の場合は払戻し額が100万円で確定しており，円高の場合は払戻し額が1万ドルで確定しています。銀行はこの1万ドルを90万円（1万ドル×90円）で調達すれば，預金100万円－払戻し額90万円で10万円の利益を得ることができます。通常より高い金利（オプション料）を支払う代わりに，円高になれば利益を得る可能性があるわけです。

8−2 ゴルフ会員権

時価と減損処理

ゴルフ場の利用権であるゴルフ会員権も金融商品としての会計処理が必要となります。

【ゴルフ会員権の期末評価】

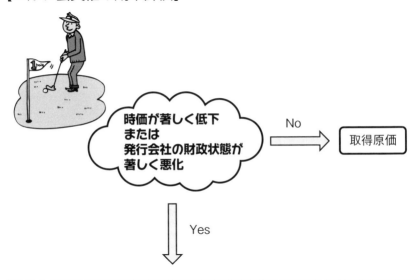

時価が著しく低下
または
発行会社の財政状態が
著しく悪化

No → 取得原価

Yes

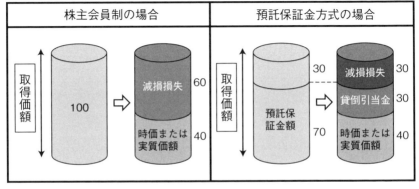

株主会員制の場合	預託保証金方式の場合
取得価額 100 ⇒ 減損損失 60 / 時価または実質価額 40	取得価額 預託保証金額 70 ⇒ 減損損失 30 / 貸倒引当金 30 / 時価または実質価額 40

■ゴルフ会員権の会計処理■

　一般的に流通市場があり，時価があるものについては時価で取引がされる金融商品の一種です。ただし，その市場は時価のある株式の市場ほどの厚みがないことなどから，原則として，ゴルフ会員権は取得価額で計上されます。

■ゴルフ会員権の時価■

　ゴルフ会員権協同組合やゴルフ会員権の売買業者が公表している取引相場表を時価とするのが一般的です。

■ゴルフ会員権の減損処理■

　一方で，ゴルフ会員権が以下の要件に該当する場合には，有価証券に準じて減損処理を行います。

①　時価があるゴルフ会員権…時価が著しく下落したとき

②　時価のないゴルフ会員権…発行会社の財政状態が著しく悪化したとき

　なお，預託保証金方式のゴルフ会員権について減損処理を行う場合，帳簿価額のうち預託保証金を上回る金額については，直接評価損を計上し，さらに時価が預託保証金の額を下回る場合は，当該部分を預託保証金の評価勘定として貸倒引当金を設定します。

　例えば，預託保証価額70円，取得価額100円のゴルフ会員権について，期末の時価または実質価額が40円となったため減損処理する場合の仕訳は以下のようになります。

| （借方）ゴルフ会員権評価損 | 30 | （貸方）ゴルフ会員権 | 30 |
| （借方）貸倒引当金繰入 | 30 | （貸方）貸倒引当金 | 30 |

　ただし，預託保証金の回収が困難な場合には，貸倒引当金を設定せずにゴルフ会員権から直接控除することもできます。

いろいろな複合金融商品

　今日，デリバティブ商品の発達により様々な複合金融商品が存在します。ここでは，日経平均リンク債と，他社株転換可能債（EB債）をご紹介します。

①　日経平均リンク債

　定められた基準日からの日経平均株価の変動により，利率や償還金額が変動する債券です。通常は，日経平均株価が基準値以上になった場合に債券が早期償還される，いわゆる「早期償還条項」が付いています。

（メリット）

　日経平均株価が基準日に達しなかった場合等，通常の債券よりも高い利回りで運用することができます。

（デメリット）

　日経平均株価の連動により，通常の債券より大きなリスクが伴います。場合によっては元本がゼロになってしまうこともあります。

②　他社株転換可能債（EB債）

　償還日までの株価変動によって，満期日に金銭により償還金が支払われず，代わりに他社の株式が交付される債券です。

（メリット）

　通常の債券よりも利率が高く，高い利回りで運用することができます。

（デメリット）

　償還金の支払いが他社の株式に代えられることにより，元本割れのリスクがあります。

　いずれも，通常の債券とは大きく異なり，元本割れのリスクが大きく伴う複雑な商品です。期末に複合金融商品の評価を行う際は，商品の条項や特性を踏まえて，慎重に評価額を決める必要があります。

複合金融商品の評価をする際は商品をよく確認する必要があるんだね。

第 9 章 金融商品の開示

　これまでの各章で見てきたように，金融商品といってもその範囲は非常に広いことが理解できたと思います。このため，財務諸表等の開示書類に関しても，金融商品はさまざまなところで開示されています。

　この章では，どのようなところで開示がなされるか見ていきます。

9-1 金融商品に関する主な開示
決算開示書類のうち金融商品に関する主な開示項目

 金融商品に関する主な開示については，計算書類と有価証券報告書において，以下の項目を記載することが求められています。

【決算における金融商品に関する主な開示】

	計算書類	有価証券報告書
貸借対照表	○	○
損益計算書	○	○
連結包括利益計算書	×	○ (※)
株主資本等変動計算書	○	○
金融商品関係注記	△	○
有価証券関係注記	×	○
デリバティブ注記	×	○

○・・・必要
×・・・不要
△・・・場合によっては必要

（※）連結包括利益計算書は，連結財務諸表を作成する場合にのみ作成が求められています。

■計算書類と有価証券報告書■

会計に関して，基本的に計算書類と有価証券報告書で相違はありません。ただし，有価証券報告書を作成するのは金融商品取引所に上場している会社等，投資家保護の必要性が高い一部の会社に限られていることから，計算書類よりも情報の拡充が求められており，開示項目は左図のように，有価証券報告書の方が計算書類よりも充実しています。

■計算書類と有価証券報告書の主な相違点■

① 連結包括利益計算書，有価証券注記，デリバティブ注記

有価証券報告書においては開示が求められていますが，計算書類においては開示が求められていません。ただし，会社が任意に参考情報として当該項目を載せることが禁止されているわけではないので，計算書類において開示している会社もあります。

② 金融商品関係注記

有価証券報告書においては開示が求められています。一方，計算書類においては，会計監査人設置会社，公開会社または連結注記表を作成する会社である場合にのみ，作成が求められます。また，上述のとおり，有価証券報告書のほうが計算書類より情報の拡充が求められることから，有価証券報告書における金融商品関係注記に比して，計算書類における金融商品関係注記は，簡略的な記載に留めていることが実務上多くなっています。

▎One more ▶

金融商品の開示

有価証券報告書においては，他にも金融商品に関して以下のような開示項目が定められています。

- 附属明細表⇒社債や借入金の明細を記載
- 株式の保有状況⇒保有株式の銘柄名，株式数，貸借対照表計上額および保有目的

9-2 貸借対照表と損益計算書
貸借対照表と損益計算書における金融商品

【貸借対照表の記載例】

（単位：百万円）

科目	金額	科目	金額
（資産の部）		（負債の部）	
流動資産		流動負債	
現金預金	122	支払手形	89
受取手形	250	買掛金	275
売掛金	542	短期借入金	500
有価証券	1,328	引当金	940
商品	324	：	
繰延税金資産	489	：	
：		固定負債	
：		社債	3,000
固定資産		長期借入金	1,600
有形固定資産	759	：	
建物	405		
備品	354	負債合計	6,630
：		（純資産の部）	
：		株主資本	
無形固定資産	147	資本金	300
ソフトウェア	147	資本剰余金	100
：		：	
投資その他の資産		：	
投資有価証券	2,153	評価・換算差額等	
出資金	219	その他有価証券評価差額金	589
長期貸付金	800	繰延ヘッジ損益	58
：		純資産合計	1,847
資産合計	8,477	負債純資産合計	8,477

　通常，会社は多くの金融商品を有しています。したがって，記載例のとおり，貸借対照表には多くの金融商品に関する勘定科目が記載されています。

　貸借対照表により，会社が保有する金融商品の勘定科目別の評価額を確認することができます。

【損益計算書の記載例】

（単位：百万円）

科目	
売上高	2,274
売上原価	726
売上総利益	1,548
販売費及び一般管理費	1,195
営業利益	353
営業外利益	
受取利息	25
有価証券利息	103
受取配当金	48
営業外収益合計	176
営業外費用	
支払利息	73
デリバティブ評価損	187
為替差損	35
営業外費用合計	295
経常利益	234
特別利益	
投資有価証券売却益	209
特別利益合計	209
特別損失	
固定資産除却損	39
投資有価証券評価損	84
特別損失合計	123
税引前当期純利益	320
法人税，住民税及び事業税	118
法人税等調整額	13
当期純利益	189

　損益計算書には，記載例のとおり，通常多くの金融商品関係の項目が記載されています。金融商品の運用を本業とはしていない会社であれば，金融商品関係の損益項目は営業外損益か特別損益に記載されます。

　損益計算書により，会社が金融商品によりどれだけの損益を計上したかを確認することができます。

9-3 金融商品関係注記
金融商品関係注記の記載内容

> 金融商品関係注記には，金融商品の状況に関する事項および，金融商品の時価等に関する事項が記載されます。

■金融商品関係注記と各開示書類との関係■

決算短信　　　不要

有価証券報告書　　　必要

計算書類
・会計監査人設置会社
・公開会社
・連結注記表を作成する会社
　のいずれかの場合　　　必要

■注記すべき事項■

① 金融商品の状況に関する事項

　金融商品の状況に関する事項においては，次のような内容があります。

> ● 金融商品に対する取組方針
>
> ● 金融商品の内容および当該商品に係るリスク
>
> ● 金融商品に係るリスク管理体制

　金融商品の状況に関する事項において，会社が金融商品をどのような取組方針で運用しているか（投機的な運用を行っているか等），会社が保有する金融商品のリスク（例えば，信用リスクや市場における価格変動リスク等）をどのように認識し，管理しているか等の情報を確認することができます。

②　金融商品の時価等に関する事項

金融商品の時価等に関する事項には，以下のような表が記載されます。

（単位：百万円）

	貸借対照表計上額	時価	差額
⑴現金及び預金	122	122	―
⑵受取手形及び売掛金	792	792	―
⑶有価証券			
満期保有目的の債券	1,163	1,180	17
その他有価証券	2,318	2,318	―
⑷支払手形及び買掛金	364	364	―
⑸短期借入金	500	500	―
⑹長期借入金	1,600	1,611	11
⑺デリバティブ取引	221	221	―

その他有価証券やデリバティブ取引等は，貸借対照表で既に時価評価されているため，貸借対照表計上額と時価との差額は生じません。

一方，満期保有目的の債券，社債，借入金等は，通常貸借対照表では時価で表示されていませんので，貸借対照表計上額と時価との差額が生じる場合があります。

基本的に保有する金融商品はすべて上記のように時価を開示する必要がありますが，市場価格のない株式等については，時価評価の対象とはなりません。

金融商品の時価等に関する事項において，会社が保有する金融商品のうち，貸借対照表で時価評価されていない金融商品の時価を確認することができます。

③　金融商品の時価のレベルごとの内訳等に関する事項

時価のレベルごとの残高や，時価の算定に用いた評価技法およびインプットの説明などを記載します。時価のレベルによって注記の要求事項が異なり，時価のレベルが大きい方が，より多くの項目の記載が求められます。

9-4 有価証券関係注記
有価証券関係注記の記載内容

☞ 有価証券関係注記には，期末時点での有価証券の保有目的ごと，種類ごとの詳細な情報が記載されます。

■有価証券関係注記と各開示書類との関係■

決算短信 ⟹ 不要

有価証券報告書 ⟹ 必要

計算書類 ⟹ 不要

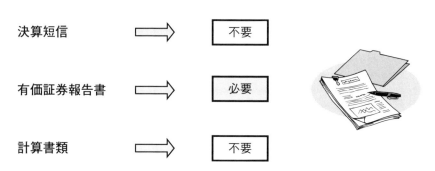

■注記すべき事項■

　有価証券関係注記は，保有する有価証券の保有目的ごと，種類ごとに区分して，貸借対照表計上額，取得価額およびその差額等を記載します。右の記載例では，その他有価証券について記載しています。

　有価証券注記により，会社が保有する有価証券の区分ごとに，貸借対照表計上額，取得価額とその差額を確認することができます。また，その他有価証券および満期保有目的の債券については，当期に売却した有価証券の売却額および売却損益を確認することができます。

■有価証券注記の記載例■

その他有価証券

（単位：百万円）

区分	連結貸借対照表計上額	取得原価	差額
連結貸借対照表価額が取得原価を超えるもの			
株式	1,387	381	1,006
債券	193	190	3
小計	1,580	571	1,009
連結貸借対照表価額が取得原価を超えないもの			
株式	571	895	△324
債券	167	170	△3
小計	738	1,065	△327
合計	2,318	1,636	682

当期中に売却したその他有価証券

（単位：百万円）

区分	売却額	売却益の合計額	売却損の合計額
株式	155	79	20
債券	203	11	－
合計	358	90	20

160

9-5 デリバティブ取引関係注記

デリバティブ取引の種類ごとの詳細情報

デリバティブ取引関係注記には，期末時点でのデリバティブ取引の種類ごとの詳細な情報が記載されます。

■デリバティブ取引関係注記と各開示書類との関係■

決算短信 ⟹ 不要

有価証券報告書 ⟹ 必要

計算書類 ⟹ 不要

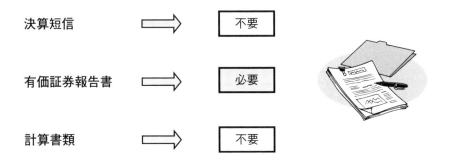

■注記すべき事項■

　デリバティブ取引関係注記では，ヘッジ会計が適用されていないデリバティブ取引と，ヘッジ会計が適用されているデリバティブ取引に分けて，デリバティブ取引の種類ごとにデリバティブの種類，契約額等，時価，評価損益等が記載されます。

　デリバティブ取引関係注記により，会社が締結しているデリバティブ取引の種類ごとの契約額や時価等の詳細な情報を確認することができます。

■デリバティブ取引関係注記の記載例■

1．ヘッジ会計が適用されていないデリバティブ取引

（単位：百万円）

	種類	契約額等	契約額等の うち1年超	時価	評価損益
市場取引 以外の取引	為替予約取引 売建				
	ユーロ	1,379	688	62	62
	買建				
	米ドル	318	－	10	10
合計		1,697	688	72	72

2．ヘッジ会計が適用されているデリバティブ取引

（単位：百万円）

ヘッジ会計 の方法	デリバティブ取引 の種類等	主な ヘッジ対象	契約額	契約額の うち1年超	時価
原則的処理 方法	金利スワップ取引 支払固定・ 受取変動	長期借入金	339	－	19
合計			339	－	19

公認会計士　金融事業部

メガバンク，信託銀行，証券会社，ノンバンク，暗号資産交換業等の監査業務に従事。
また，金融機関に対する決算高度化・早期化支援，システム・RPA導入支援，内部統制支援，財務デューデリジェンス業務等，各種アドバイザリー業務の経験を有する。
主な著書（共著）として『ヘッジ会計の実務詳解Q&A』，『ここが変わった！税効果会計』，『設例でわかるキャッシュ・フロー計算書のつくり方Q&A』（以上，中央経済社）等がある。
その他，雑誌への寄稿多数。

佐久間　大輔

公認会計士　金融事業部

銀行業を中心に，リース業，信用金庫，信用組合等の監査業務，大手金融機関の内部統制高度化支援，地域銀行の経営統合に関するコンサルティング業務に従事するほか，法人内外のセミナー講師なども務める。
共著に，『図解でざっくり会計シリーズ5　連結会計のしくみ（第2版）』，『設例でわかる資本連結の会計実務』，『ケース別　債務超過の会計実務』，『ここが変わった！　税効果会計』，『図解でスッキリ　デリバティブの会計入門』，『そこが知りたい！「のれん」の会計実務』，『ヘッジ会計の実務詳解Q&A』（以上，中央経済社）など多数。また，雑誌への寄稿も数多く行っている。

【編者紹介】

EY新日本有限責任監査法人について

EY新日本有限責任監査法人は，EYの日本におけるメンバーファームであり，監査および保証業務を中心に，アドバイザリーサービスなどを提供しています。

詳しくはey.com/ja_jp/people/ey-shinnihon-llc をご覧ください。

EY ｜ Building a better working world

EYは，「Building a better working world 〜より良い社会の構築を目指して」をパーパス（存在意義）としています。クライアント，人々，そして社会のために長期的価値を創出し，資本市場における信頼の構築に貢献します。

150カ国以上に展開するEYのチームは，データとテクノロジーの実現により信頼を提供し，クライアントの成長，変革および事業を支援します。

アシュアランス，コンサルティング，法務，ストラテジー，税務およびトランザクションの全サービスを通して，世界が直面する複雑な問題に対し優れた課題提起（better question）をすることで，新たな解決策を導きます。

EYとは，アーンスト・アンド・ヤング・グローバル・リミテッドのグローバルネットワークであり，単体，もしくは複数のメンバーファームを指し，各メンバーファームは法的に独立した組織です。アーンスト・アンド・ヤング・グローバル・リミテッドは，英国の保証有限責任会社であり，顧客サービスは提供していません。EYによる個人情報の取得・利用の方法や，データ保護に関する法令により個人情報の主体が有する権利については，ey.com/privacyをご確認ください。EYのメンバーファームは，現地の法令により禁止されている場合，法務サービスを提供することはありません。EYについて詳しくは，ey.comをご覧ください。

本書は一般的な参考情報の提供のみを目的に作成されており，会計，税務およびその他の専門的なアドバイスを行うものではありません。EY新日本有限責任監査法人および他のEYメンバーファームは，皆様が本書を利用したことにより被ったいかなる損害についても，一切の責任を負いません。具体的なアドバイスが必要な場合は，個別に専門家にご相談ください。

ey.com/ja_jp

図解でざっくり会計シリーズ 3

金融商品会計のしくみ（第2版）

2013年3月15日　第1版第1刷発行
2020年4月15日　第1版第10刷発行
2023年9月5日　第2版第1刷発行

編　者　EY新日本有限責任監査法人
発行者　山　本　　　継
発行所　㈱中　央　経　済　社
発売元　㈱中央経済グループ
　　　　パブリッシング

〒101-0051　東京都千代田区神田神保町1-35
電話　03（3293）3371（編集代表）
　　　03（3293）3381（営業代表）
https://www.chuokeizai.co.jp
印刷／文唱堂印刷㈱
製本／㈲井上製本所

© 2023 Ernst & Young ShinNihon LLC.
All Rights Reserved.
Printed in Japan

＊頁の「欠落」や「順序違い」などがありましたらお取り替えいた
しますので発売元までご送付ください。（送料小社負担）
ISBN978-4-502-46961-9　C3034

JCOPY〈出版者著作権管理機構委託出版物〉本書を無断で複写複製（コピー）することは，
著作権法上の例外を除き，禁じられています。本書をコピーされる場合は事前に出版者著
作権管理機構（JCOPY）の許諾を受けてください。
　JCOPY〈https://www.jcopy.or.jp　eメール：info@jcopy.or.jp〉